打造
投资者基因

[美] 加勒特·甘德森（Garrett Gunderson） 著
张 丽 束光辉 译

Disrupting Sacred Cows

NAVIGATING AND
PROFITING IN THE NEW ECONOMY

中国出版集团
中 译 出 版 社

图书在版编目（CIP）数据

打造投资者基因 /（美）加勒特·甘德森著；张丽，束光辉译. -- 北京：中译出版社，2023.6

书名原文：DISRUPTING SACRED COWS：NAVIGATING & PROFITING IN THE NEW ECONOMY

ISBN 978-7-5001-7363-2

Ⅰ. ①打… Ⅱ. ①加… ②张… ③束… Ⅲ. ①金融投资 Ⅳ. ① F830.59

中国国家版本馆 CIP 数据核字 (2023) 第 069726 号

著作权合同登记号：图字 01–2023–0728

打造投资者基因
DAZAO TOUZIZHE JIYIN

著　　者：［美］加勒特·甘德森
译　　者：张　丽　束光辉
策划编辑：朱小兰　苏　畅
责任编辑：朱小兰
文字编辑：苏　畅　刘炜丽　王海宽
营销编辑：任　格

出版发行：中译出版社
地　　址：北京市西城区新街口外大街 28 号 102 号楼 4 层
电　　话：（010）68002494（编辑部）
邮　　编：100088
电子邮箱：book@ctph.com.cn
网　　址：http://www.ctph.com.cn

印　　刷：北京中科印刷有限公司
经　　销：新华书店
规　　格：710 mm × 1000 mm　1/16
印　　张：16.75
字　　数：160 千字
版　　次：2023 年 6 月第 1 版
印　　次：2023 年 6 月第 1 次印刷

ISBN 978-7-5001-7363-2　　　　定价：79.00 元

献给你们：

世界正在发生着日新月异的变化。谨以此书，献给那些正在渴求知识、摈弃愚昧，追寻真理、抛弃谎言，追求自由、放弃安逸，勇于担当、挣脱束缚的人。这将是一个颠覆性的时代，它将抛弃落伍的人生哲学和误区，引领人们过上充实、繁荣而有价值的生活。你会响应这个时代的召唤吗?

礼　物

我是否应该送你一份礼物呢？或者，三份礼物怎么样？由于你正在阅读本书，所以，我想赠予你两本配套书籍。第一本是本书的前奏曲，是我在《纽约时报》上的畅销书《杀死圣牛》（*Killing Sacred Cows*），而第二本是一部后续作品，名为《亿万富翁会怎么做？》（*What Would Billionaires Do*？）。

《杀死圣牛》挑战了传统观念，揭开了陈旧落后的金融范式的面纱。人们误以为这些固有范式有利于积累财富，但其实它们具有破坏性。十多年后，我在书中质疑过的误区和模式愈发凸显其劣势。这本书可以指引人们识别误区，同时也是帮助人们躲避金融财富陷阱的路线图。随着金融发展逐步变得难以掌握，世界也越发难以驾驭，因此，比起出版初期，《杀死圣牛》在如今对读者更具参考意义。

《亿万富翁会怎么做？》讲述了我确保现金安全、赚取财富和创造遗产的个人策略及方法。书中介绍了我自 19 岁起沿用至今的策略，更进一步的是，书中还阐述了一些豪门家族积累巨额而持久的家产的思想理念（其中，对错兼而有之）。

我送给你的最后一份礼物，是“财富工厂”（这是一家专注于帮助读者理财的金融机构），它能够帮你堵住金融漏洞，挑选金融专业人士，引导你运用在本书里学到的理财策略，还提供免费的一对一咨询服务，以便你了解财务状况，为你指明在十年内或更短时间内实现经济独立的最佳途径。

去“财富工厂”网站 WealthFactory.com 认领你的礼物吧。

序 言

十余年前，我出版的第一本书《杀死圣牛》成为《华尔街日报》和《纽约时报》的畅销书，如今，该书中的理念比以往任何时候都更加切合实际。然而，过去十年，世界发生了翻天覆地的变化，人们需要重新审视这些理念，看看它们如何帮助我们平稳度过未来几年。人们正在见证着历史上最大规模的财富转移，随着区块链、极端通货膨胀和旧式投资规则的更迭，金融秩序遭到严重破坏，财富转移的速度变得越来越快。

本书不是《杀死圣牛》的更新版本，而是续集。

自从我在那本书中指出了创造财富、华尔街和退休计划的那些糟糕的误区之后，贫富差距已然持续扩大，货币价值大幅缩水，甚至货币的本质概念也被重新定义。它变得更趋数字化、更加混乱且缺乏个性，通货膨胀带来的后果也岌岌可危。

这些教条的误区会迅速酿成严重后果，逐步或直接摧毁人们所积累的财富。倘若没有适当的原则作为指导，人们追逐的投资回报必然存在着潜在风险，从而导致损失。或者，人们会逐渐相信圆滑的销售人员散播的“精彩”投资故事，事实上，这些投资无异于高风险的投机行为。

“要尽早投资，要经常投资，要一直投资”这句口头禅，仿佛是一句终将导致失望和失败的咒语。过去看起来稳扎稳打的蓝筹企业，最终会被区块链等新兴技术取代，甚至是为人工智能所取代。

我们生活在一个崭新的世界里。在这里，只要通晓规则，不被规则玩弄，任何人都可以获得成功。那些曾经只有华尔街大亨们才能接触到，和只有在神秘幕后交易中所使用到的策略，如今日趋大众化。感谢众筹、在线社区和战略合作伙伴关系的出现，以往需要数百万美元和一定的人脉关系才能实现的创业机会，现在对任何想要创业的人来说都唾手可得，所有这些都只需要少量的前期投资，甚至几乎不需要任何前期投资。

现在不再是依靠大师的时代了，这些所谓“大师”擅长兜售建议，却不按照自己所建议别人的方法赚钱。在这个时代，任何人都可以通过几段视频、Instagram 帖子或一篇长文成为“思想领袖”，那些“免费建议”最终会让你摔得更惨。

随着数十亿美元被投入到市场营销中，人们会听到诸如“嘿，我们很聪明，请相信我们”的信息。大多数金融大师的赚钱方式与他们告诉你的赚钱方式迥然不同。当他们说“赚钱需要钱”时，意思是他们花你的钱让他们赚钱；当他们说“高风险等于高回报”时，这意味着让你承担风险，他们收获高回报。这是一道非输即赢的命题，只有当你不再被金钱吓倒时才会停止。

不是你本身觉得金钱复杂，而是华尔街、金融机构、银行和退休规划师传递信息，故意为之：他们让你认为你自己没有能力做出选择，也没有时间，所以必须依靠他们，因为他们比任何人都聪明。

大多数人把金钱与电子表格和数字联系在一起，这验证了投资理财这件事情具有复杂性，也是他们误以为永远无法真正理解金钱的主要原因之一。

我在本书中，揭示了这种稀缺性心态，这种心态让人们囿于财务窘境和挫败感。我在本书中将简化金钱观念，告诉你们如何将时间花在金融理财最为重要的事项上，并指导你们认识那些形成于童年，却给一生带来毁灭性打击的根深蒂固的信念，正是由此形成的习惯和信念阻碍你为自己的金钱负责。

一旦你真正了解了金钱的本质、别人赚钱的门道以及你自己独有的投资者基因，你就可以成为一个更出色的投资者，心无旁骛、省时高效地对自己的投资、财务基础和收入结果负责。

本书多次将《杀死圣牛》中的概念运用到对当今世界和经济现实的分析中。你无需阅读前一本书，即可从中获益匪浅，并知晓该如何行事。作为礼物，我们将《杀死圣牛》一书的电子版（英文版）赠送给你，你可以在 WealthFactory.com/disrupting 网站下载。该电子版还提供了更多的案例、统计数据、对比分析、总结和图片或影片资料。本书将着重深入探讨导致经济稀缺的原因，以及解决和尽量避免这些稀缺感的措施。本书没有刊载大量图表和数据，而是分享一些实用技巧，帮助你改善财务状况。

现在，在正式写作之前，我需要强调一点：我并非生于富贵家庭，我的家人也不懂理财。恰恰相反，他们对理财心怀畏惧。他们相信，人的欲望永无休止，他们所拥有的一切随时都会被没收。为此，他们饱尝心理压力和稀缺感，强加给自己一种穷人的思维模式。

稀缺心态会破坏婚姻，引发争吵，甚至可能摧毁家庭。它就像一种看不见的病毒侵袭着电脑，拖慢处理速度，阻碍进展，会危及你们的财富和财务自由。我目睹并亲历了这种情况，看着我的祖父因金钱的原因与他的妹妹断绝了来往。

这些年来，无论在自己，在父母，还是在你们的生活中，我都观察到了一些积极的变化。这是我为他人教学、提供帮助和赋能于人的热情所在，而不是交易。我的目的是提供一种视角，这种视角可以简化、解决并消除根本问题，从而帮助更多人实现财富繁荣。同样重要的是，我既不替别人投资，也不代表任何金融机构销售任何金融产品。2021 年，我甚至出售了自己名叫“财富工厂”的咨询公司。

我在 1998—2000 年和 1998—2005 年之间分别出售了互惠基金和人寿保险，亲眼目睹了退休规划的局限性和后果。这虽然有利可图，但毫无成就感。坦率地讲，当薪水主要来自我多年来工作过的金融系统时，我根本无法发现和揭穿这些金融误区。

本书并不是在讨论如何冒险和盲目追逐回报，而是讲述该如何创造一种你不愿退休的生活，并在此过程中享受更好的生活质量。

为此，关键是需要建立坚实的经济基础，这样你的目标会更加清晰，自己更有信心，心态更平和。不要只是把钱投资于长期的退休规划，然后期待能带来最好的结果，或者盲目地相信华尔街，你要找到改善你与金钱关系的方法，并学会如何投资你最大的资产：你自己。

那么，我们如何开始呢？好吧，就从这里开始：提高意识，并识别任何现在不会或未来不能为你创造价值的策略（你可能缺乏这些策略）。通过揭示破坏创造财富的理念、模式和误区，你将能够确定自己的个人投资者基因。具备了这种探索意识，就可以简化和降低风险，并在此过程中升级为更优秀的投资者。

在本书的第一部分，我将阐释金钱和财富的深层构成及其基础。我提出了指导性问题，将揭露人们长期以来深信不疑的有关金钱的谎言，以及听信这些谎言所带来的严重后果。发掘和消除稀缺感的根源，从财富的至高处预设愿景，这将是长期投资和高质量生活所必需的基本理念建构。

第二部分讲述了《杀死圣牛》中的关键理念，这些理念与时俱进，并与实用的金融策略和技巧（《杀死圣牛》一书中未涉及）相结合。这些理念和技巧将助你一臂之力，快速改善你的现金流。

经济独立始于你自己。照顾好自己，夯实基础，掌握基本要领。在为这个社会或世界牺牲和付出之前，你必须处理好自己的生活。倘使你不这么做，很多人会说你很自私，这样你可能就会掉入某种陷阱，既会心力交瘁，又要承担风险。帮助他人和慈善捐助虽值得称颂，但若不提前掌握这些基本知识，由此产生的压力会削弱你提升价值或清晰思考的能力，最终会引发忧虑，浪费你的宝贵时间。

倘若用时间换取金钱，时间将不再属于你，你的支付能力就会因压力而削弱。如果你有账单要付，有义务要履行，有人要取悦（以牺牲自己为代价），所有这一切都将使你疲惫不堪，毫无创造力，展示最佳自我的能力也随之消耗殆尽。

不要指望政府和公司来拯救你，是时候为自己负责了。对于这些，虽然你不必亲力亲为，但是你必须对自己的财富、言行、生活甚至失败教训负责。无论身处何地，从事何职，请记住：人无完人，该是吸取教训、过上充实生活的时候了。

加勒特 · 甘德森

目　录

第一章

聆听你的心声

当然，本书写的可不是真的牛（本书英文版书名为*Disrupting Sacred Cows*）。这里的“Sacred Cows”（圣牛）指的是一种不容置疑的信念，通常是一种历史悠久的传统，绵延数代，人们或许将自己的幸福或成功归因于这种无法控制的因素。人们误以为，只要一味地献身，努力工作，以时间换取金钱，并将 10% 的收入用于我们几乎不理解的投资，总有一天会发家致富。然而，这一天似乎永远不会来到。相信生活最终会好起来的想法就是一个陷阱，即一个必须被颠覆的“神圣信条”。

如果秉持着这些信念，人们会一直活在过去，根据历史经验或他人曾做过的决定，做出自己的选择。或许，你的家人在经济大萧条期间丢掉了家园，那么关于如何避免这种结局的家族故事就会代代流传。抑或是，祖母的烤箱太小了，所以她把火腿的两边切掉才能塞进烤箱，尽管现在烤箱大了很多，但家人仍然效仿她的行为，切掉火腿的两边。

也许你认为自己还不够有价值，或者不那么受爱戴，所以拼命工作，希望有朝一日能拥有至少自己感觉足够多的财富，或者赚到相当多的钱，来消弭不确定性、不安全感和不信任感，它们是由童年留下的创伤和痛苦带来的。社会宣传用拥有的财富数量来衡量一个人是否成功。这导致人们追逐财富，希望物质财富会让自己感觉更好或更受欢迎。而这一切，都源于人们还不理解生命的真正价值和富足其实来自我们的内心。

价值

当提供任何有价值的东西给另一个人时，都会为双方创造效用或快乐。价值可以有诸多呈现形式，比如物质性的礼物、赞美的话语和服务行为。财富，是在价值交换中产生的。

我们为什么会买这些“神圣信条”的账？因为社会上的广告、文章、颁奖典礼、电影等都在强化这些观念。美好生活的主要目标就是赚更多的钱，这种观念根植于我们的文化中。但财富究竟能带来多少快乐呢？更多的钱能创造更好的生活，这种说法听起来好像确实有几分道理，但事实并非如此。正是这些关于金钱的隐蔽谎言，使我们沦为金钱的奴隶。蹩脚的谎言会被一眼识破并加以避免，但是隐蔽的谎言让人难以察觉，以致信以为真。

这些谎言被人们奉为“神圣信条”，它们毁了我们本可能拥有的幸福生活和繁荣财富。从个人层面来说，它们助长了诸如“我是谁？”“我还不够好。”“以前没人能做到这一点，我怎么会 / 可以 / 应该这样做呢？”等想法。这些谎言让人们裹足不前，阻挡了我们前进的步伐，限制了我们努力的方向与成长的空间。

人们因为缺乏责任感和上进心，所以更信奉这些观念，认为财富和美好的生活要靠运气或机缘，或者是由家境和天赋决定。人们是无法改变自己的，也无法改善自己的境遇。

长期以来，大众普遍信奉这样一个颇具影响力的观点，即幸福要么与自己本身无关，要么是由个人的财富所决定。消费主义社会强化了这一观点，而且是有意为之。这要追溯到 20 世纪 20 年代的公共关系学家爱德华·伯尼斯（Edward Bernays）。

伯尼斯是精神分析学家弗洛伊德的外甥，人们称他为“公共关系之父”。作为学科关键人物之一，他致力于让人们相信，购买的东西越多，获得的快乐就越多。他受雇于历届美国总统和诸多大公司，目的是让人们信奉“消费越多越好”。他将“性别营销”概念引入广告中，例如，在某个广告里，男子驾驶着敞篷车，周围都是美女。这暗示着如果得到最新潮、最时尚、最美好的东西，人们就会变得更快乐。

消费者

消费者是消费价值大于生产价值的人。消费者关注的是他们所得到的，而非能给予的，所以他们逃避责任，依靠别人获

得幸福，并限制了自己可以创造的价值。消费者生活在稀缺中，以贫穷和片面的视角来看待世界，相信运气和不幸，不相信选择和责任。

这种消费主义思维模式史无前例地冲击着我们的社会。智能手机全天候倾听和获取我们的信息；同时，短信、广告和购物推荐一遍遍地对我们狂轰滥炸，看起来像是讨论制定公司议程，实质上是为了窃取我们的时间和金钱。人们的消费从未像现在这样轻而易举：如果你想购物，只需发送语音命令或点击鼠标就可以轻松下单。

公司议程强化了“幸福与财富如影随形”的理念。是的，有钱就可以满足基础需求、保证基本生活，它们之间存在必然的联系，但生存和富有是两个截然不同的概念。

除了基本需求之外，财富和幸福之间的关系更为多样化。期望金钱能买到幸福的想法像一种极具破坏性的毒品。这有点像可卡因，因为人们吸食它可以获得一时的巅峰体验，但随即就身心崩溃。金钱的大量涌入可能也会让人有类似的感受，我们会受到多巴胺的刺激而感到幸福，但这种感觉不会持续太久。

消费主义并不能创造持续的幸福，因此我们总觉得必须要购买更多的东西。即使我们暂时感到满足，但不久我们就会遇见一个更厉害的人，他有更大的生意、更大的房子、更多的金钱、更重要的奖项、更辉煌的荣誉——这种恶性循环周而复始，无休无止。

结果，人们陷入了这场注定失败的游戏。在这场游戏中，人们总是获取更多，需要更多，想要更多。为了获得那些财富，我们竭尽所能，因为这能使我们得到社会地位，得到他人的认可。然后，不管我们拥有多少，当发现别人拥有更多时，我们又重新掉入了这个陷阱。

随着我们不断消费，“富足”的定义也发生了改变。人们从来没有意识到，更多物质并不一定意味着更好的生活，现在，人们的棚屋、仓库和房子里塞满了东西，反而要花更多的时间去打理。可见，拥有的越多，需要管理的就越多。

金钱等同于幸福已被认定为一则神圣的信条。如果人们相信金钱是决定幸福与否的关键，那么将永远难息追逐金钱的欲望。生活囿于物质主义，人们沦为金钱的奴隶，对物质的追求将永无止境。

金钱是一种有用的工具，但和许多其他东西一样，它的价值最终取决于环境。以一把锤子为例，它究竟是好是坏？如果它能帮助我修复或建造东西，答案就是好。但如果我用它来伤人，答案就是坏。

人们必须用正确的视角去看待生活和金钱，这意味着必须与内心的真实想法一致，而不是被其他因素所左右。比如，牧师、教师、家人、朋友、企业、政府，他们都试图告诉我们应该做什么，在意什么。

在内心深处，人们明明知道哪些是美好而珍贵的，但还是忍不住沉迷于电视、播客、新闻和社交媒体的各种观点，因为这一切都在告知人们如何才能过得更好。这就像人们收到了不知何时订阅过的网站邮件，就不假思索地相信它们的话。

颠覆仍将持续，而毫无成效和虚假的金钱观念、信念体系和惯常做法引发的后果愈发糟糕。是时候远离喧嚣，专注于关爱自己，发现并倾听自己内心的声音了。

《杀死圣牛》中的关键概念

如果你尚未读过《杀死圣牛》，或者很久没有重读，我在此向你概述一下书中的一些关键概念。这些关键概念是基础性的，并且它们将帮助你开始用自己的方式定义财富，放弃那些无益的信仰、体系和做法。

生产者范式

在撰写《杀死圣牛》一书时，我对生产者与消费者的概念做了一个重要的区分。在生产者范式中，当创造的价值大于消耗的价值时，“生产者”一词便应运而生。反观消费者，当人们期望获得的价值大于消耗的价值时，“零和博弈”理论诞生了，也就是稀缺心态。

消费者处境

一种强调稀缺、赢输交易、恐惧、自私、依赖、拥有、积累、毁灭、运气和权利的世界观。

彼时，人们常说“只要创造更多的价值就行了”。但是，创造价值的最佳方式是什么？如果不清楚你的使命、最优技能和可用来拓展人脉的最佳平台，你又如何创造价值呢？付出更多的努力并不总能转化为更多的价值。倘若不知疲倦地盲目工作，在提供价值的过程中，你会精疲力尽，随着时间的推移，你创造的价值就会越来越少。了解自己的长处，知道创造价值的最佳方式，保存实力，花时间为自己投资，学会在适当的时候拒绝别人，这些都是创造可持续价值的关键。我们追求的东西在当下是有价值的，但不会为我们带来最大的价值。工作可以赚钱，甚至可以是一种享受行为，但这可能是以牺牲健康、家庭陪伴和休闲时间为代价的。我们从事的工作并没有真正发挥出我们自己最好的一面，因此挤占了本应用于探索自我、技能发展和实现价值的时间。了解自己最看重什么，并找到与最优秀的自己相契合的方法来创造价值。

关于价值，仁者见仁，智者见智，它是一种权衡轻重的能力。一个人喜欢的东西，另一个人可能并不关心。你喜欢什么呢？对你来说，什么是有用的、是有成就感的呢？我曾经说过这样的话，“一切都是为了创造更多的价值”，但问题是：如何创造？对谁有价值？是什么阻碍了我们创造价值？

生产者

生产者是指生产价值大于消费价值的人。生产者具有责任感、创新精神和创造力，他们创造了人们购买和使用的产品并提供服务。他们改善世界，造福世界，服务世界，为世界做贡献。生产者经验丰富，他们的世界观包含着创造价值的无限潜力。

种种障碍阻挠着我们创造价值：艰苦环境、童年创伤、稀缺感、愤怒、价值丧失、沮丧或者各种未被疗愈的情感。嫉妒会消耗幸福感，扼杀创造力。这会让你更加努力地工作来证明自己，甚至还需要一些附加值，但代价是什么呢？这样做的目的是什么呢？作为消费者角色的人们几乎很少知道正是他们的社会行为制约了他们创造价值的能力。

生产者范式

这是一种强调富有、双赢互动、信仰、服务、相互依赖、管理、利用、创造、问责和价值创造的世界观。

使命

2006 年 12 月，我当时正在写一个名为“自由的捷径”（Freedom FastTrack）的项目计划，它作为一个处理财务的方法，规划了在 10 年内实现经济独立的七个阶段。在第二阶段，当我写到“使命的催化剂”时，我感到十分紧张，甚至有点害怕。我想，我是一个金融从业者，我为什么要写“使命”？

但在内心深处，我深知这是金融事务中所缺失的要素：使命。

使命源于你自己，它是你的价值观、你如何行动的脚本、你的能力与激情的独特组合。

当你过着自己向往的生活时，你会充分表现出这些品质。

人们在生活中不仅应是生产者，还要有使命感。使命影响着你的投资、职业生涯和日常行为。倘若你知道自己的使命，请你记住它，并为实现使命而活。

使命感

你的价值观、激情和能力结合在一起，就是为了达到生活的最高境界。当处于最佳状态时，你是谁？只有了解和实现你的使命，才能获得最高层次的快乐和满足。

在早期的职业生涯中，作为一名生产者，我总是想方设法去赚钱，期望自己赚的钱比花的多。但是，如果你所做的事情

不是源自内心的，没有带来挑战，或为你带来满足感和成就感，那该怎么办呢？不是所有的工作都会带来巨大的经济回报，也不是所有的行动都必须有金钱酬劳，但从生活质量的大局来看，使命感很重要。

你是谁？

你的本质到底是什么？

在不考虑恐惧和物质稀缺的情况下，你会选择做什么？你会怎样过活？

当一个人饥肠辘辘、负债累累的时候，这些问题可能很难回答。但是，当一个人做的事情只能赚钱却不能给他带来快乐的时候，他也会难以抉择。使命不仅仅是从事一份工作那么简单。当你处于巅峰状态，充分表达自我时，这就是使命。伴随着所有的恐惧、担忧、猜忌，寻求着社会认同，这让寻找使命变得更加复杂。

有这么多选择，你会做出哪一种？

有这么多声音，你应该听谁的？

走哪一条路才能让你在社会上获得成功？

追求社会成功（金钱、奖项、荣誉）和使命并行不悖，但当结果优先于经验，赚钱优先于享受，或攀比优先于同情和满足时，社会成功可能会绕道而行，或对人生旅途造成损害。你可能听过这句名言："攀比是快乐的窃贼"。（这句名言的出处不详，但通常被认为是罗斯福说的。）如果金钱是唯一的计分卡，那么总有人比你拥有的多。

了解和实现使命就会顺其自然地成为一名生产者。在没有使命的情况下，消遣似乎是一种诱惑，可你却从来都没有时间去享受、庆祝或停歇。当你疲于奔命，追逐金钱，偿还债务，试图在净资产中寻找意义之时，你体验到的乐趣微乎其微。作为一名生产者，你的确要为自己和他人创造最大的价值。但是，倘若不清楚自己是谁，从一个项目换到另一个项目，从一个机会跳到另一个机会，接踵而至的就只有忙碌。在努力创造更多价值之前，你需要先发现自己的价值。

人们由于被质疑、拒绝或中伤，心灵受到伤害，在治愈的过程中，将给予他人充分的同情和宽容。如果有人告诉你不要太在意自己的感受，或者你内心受到伤害，无法自如应对困难，尤其是在你年轻的时候，这将不可避免地影响你未来处理金钱和看待金钱的方式。

大部分人需要付出前所未有的努力，来建立与金钱的健康关系，但他们一般并没有思考过：治愈童年时期遗留下来的痛苦和创伤，不仅会改变你与金钱的关系，同时也会改变你的生活。

在努力创造更多的价值之前，首先，你要发现自己的价值。

人人都曾痛苦过，都有伤口需要疗愈。倘若隐藏或忽视痛苦，就相当于逃避现实，人们甚至会对此上瘾。童年遗留下来的问题，会影响成长过程中投资理财的能力。如果不能正确面对它们，我们的视角和行为方式一定是受限的，甚至是颠覆性的。

你对待金钱的方式与你在成长过程中的至暗时刻对自己讲的话是有关系的。诚然，童年时期的艰难时刻和痛苦处境都会对你产生巨大影响，这些经历将影响你投资赚钱的能力。于是，这样的情况出现了：有的人天天想着赚钱，有的人花钱如流水，还有的人痴迷于存钱。如果人们在大脑的发育阶段，听到过一些编造的故事和童话，它们就会留存在人们的潜意识里，并体现在人们与金钱的关系上，这些也会影响我们投资赚钱的能力。

你永远无法通过赚钱、花钱或存钱来摆脱稀缺心态，这种心态是在小时候感到不安全时产生的。净资产不足以治愈这些创伤；拥有更精致、更优雅的物质也不能填补这种空虚。治愈，始于移除过去的误区、谎言和限制，这样你就可以像一张白纸一样，从头开始。

采用一种能给你带来满足感和快乐的方式进行生产吧。

与其试图取悦所有人，陷入消费主义陷阱，还不如问问自己：

我是谁？

我到底想要什么？

什么东西值得我花时间？

我怎样才能过上喜欢的生活？

对我来说最重要的是什么？

什么让我感到满足？

我的目标是什么？

真正的退休

当我们专注于成为生产者和实现使命时，我们便可以开始重新定义“退休”这个词了。与其从工作上退休（很多时候包括从生活中退休），不如过上你不想退休的生活。这是一种看待退休的新方式。

你可能会想，我一辈子都要过着稀缺的生活，这样退休的时候就能过得富足。事实并非如此，你已经养成了稀缺思维的习惯，你会对生活感到麻木。

不要从生活中退休，别再牺牲自己，不要再自掏腰包取悦别人。从零和博弈、竞争驱动的稀缺游戏中退休。找一份有意义的工作，继续创造价值吧。

在撰写本书时，新冠疫情大流行仍持续影响着人类的生活和情感，随之而来的是更多“神圣信条”。这场疫情成了人们一个很好的借口——一个人们互不联络的借口，一个本该发生的事情却没有如期发生的借口，一个对顾客服务不周或并未遵守诺言的借口。

让我们回顾一下这些感受，并思考这样一个问题：它们是在为我们服务吗？未来经济形势扑朔迷离，但我们的信念和行为的结果却很容易预测。生活在稀缺中会有什么结果呢？有不满、沮丧、人际关系破裂、消极的内部对话，以及把结果归咎于外部因素，比如人工智能、流行病、政府和公司。这些抱怨和推脱也许有些道理，但它们真的能帮助我们实现预期的目标吗？

为了实现自己的目标，我们必须清除杂草——包括不良新闻、消极之人（我们虽然爱他们，但需要保持距离）、自我憎恨、自我怀疑和不加控制的情绪。

是时候让阳光洒进来了。那么，是什么给你带来了光芒？是什么样的人际关系和人激励着你？究竟做什么才能让你受到鼓舞？手写的纸条，是你向他人表达感激之情的方式吗？你是用拥抱表达爱意的吗？你在什么情况下会原谅自己或他人？此时此刻，你不妨简单梳理一下自己过往的经历。

假如我们的目标中，有一部分只是想稍微照顾一下自己的感受呢？或者树立的部分目标只是想找到我们喜欢做的事情呢？正如太阳会冲破乌云，你的使命也可以破土萌芽，但你得辛勤灌溉，有所行动，寻找自己的心流。

我有一间小屋，它依河而建，河里流淌着蓬勃的生命，河水潺潺，万物共生。

我们必须追寻内心的河流，消除压抑，摈弃负面言辞和恐惧，释放自我。

恐惧是杂草，会削弱我们的本性。当我们选择关爱而不是恐惧，选择进步而不是追求完美，我们就能超越恐惧。

第二章

欠缺的因素

在全球经济繁荣时期，目标可能会让人感觉难以捉摸或难以定义。在经济萧条、秩序混乱或全球疫情大流行的背景下，目标可能会被推来搡去，或被完全忽视。在当今世界，人们很容易游离，陷入虚无主义的逃避主义。经济动荡、健康状况不佳或者数次隔离都使人们脱离了日常生活、节奏和互动，感到孤独和绝望。

逃避主义

娱乐消遣或选择停滞不前都只是为了拖延那些有意义的人生时刻。当我们感到不适、不知所措或产生稀缺心态时，逃避主义令我们逃离当下，麻痹自己。

在这个时代，我们必须让目标更明确，更加勤奋，以免成为环境的牺牲品，避免在逃避遁世中浪费时光，迷失自我。

假如你不抱怨政治，而是每日自省，思考人生目标，将会怎样？

假如你关掉新闻，聆听自己的直觉，将会怎样？

假如你不为尘世喧嚣所困，而是做些自己爱好的事情或者停下来专心思考，将会怎样？

假如你用逃避现实的时间来疗伤——直面自己的恐惧，缓解痛苦，放下那些限制未来的执念，你的未来将会怎样？这一切可能发生在你迟迟不愿开始的谈话中，也可能在你解决尚未面对的问题时，甚至会出现在你写的信中，你或承担责任，或请求原谅，或表达爱意。

在这个新世界及其不断变化的经济中，如果专注于可控的事情，那些能让你和亲人过上更美好生活的事情，会是怎样？当大多数人都在争吵和抱怨的时候，你能专注于改变习惯，定义胜利的内涵，创造愿景吗？如果能战胜逃避现实的想法，你就能做到这一点。

逃避现实是最常见的“神圣信条”之一，它使我们虚度时光，破坏繁荣，妨碍实现使命。

逃避来自一种绝望感，这种绝望会暗暗地让你失去动力，止步不前。当世界让人感觉压力重重，遁世逃避会让人产生一些无奈的想法：我就是无法处理生活、工作、朋友、家庭、财务、项目、目标等方面的问题。因此，人们便选择不去应对或直面这些障碍，而是在寻找逃避它们的出口。例如，沉迷于戏剧性的电视剧情，比审视自我、我们的生活和人际关系要容易得多。

当我们感到不知所措时，我们可能会通过沉迷社交媒体、电子游戏、赌博、酗酒、暴饮暴食，甚至睡懒觉来逃避问题。同样，这与环境息息相关。有时，做这些事情可能是有趣或有用的，但当其成为一个借口、一个藏身之处或一种麻痹自己的方法时，人们只是延缓了该发生的事情而已，最终反而会使事情变得更糟。这些发泄方式，这些令人分心的东西，比以往任何时候都更频繁地出现在我们面前，它们延续恐惧，强化破坏性的信念，让我们沉湎于这个世界的错误，沉湎于让所有人都感到恐惧、愤怒和割裂的无休止的消极情绪中。

新闻不再是人们在固定时间收看的节目了。它全天候地播放，不停地在我们耳边报道地球上每个角落正在发生的最糟糕的事情。在这种噪音和负能量的循环中，情绪不再由我们自己左右。我们不会花时间去处理自己的感受，而是立刻对那些伪装成记者的宣传者编造的故事感到愤怒，或者被标题党写的标题所吸引，这些标题转移了我们的注意力，使我们无法充分发挥自己的潜力，更无法接近我们的使命。

逃避主义无法拯救我们的情绪。当我们沉迷于逃避现实的行为时，我们会压抑自己的情绪，然后变得更悲伤、更孤独、更困惑、更沮丧、更孤立。我们竭尽所能地避免痛苦，这往往导致我们无所事事或麻木不仁。这就是逃避主义囚禁我们的方式。

实现经济独立的前提是治愈人们童年所受到的创伤和伤害。你可能会认为心灵创伤和经济压力毫不相关。倘若你想跳过这一章，直接阅读实质性的内容，请跟随我，读一读《杀死圣牛》，它能帮助许多人改变游戏规则，包括我本人。然而，直到开始治愈童年的痛苦，我才真正获得了财务自由。

我们在童年时期所受到的创伤会形成一些习惯，阻止我们辨认“神圣信条”以及实现使命。当我们试图避免这种痛苦时，我们就过着未经审视的生活，这些“神圣信条”继续主宰着我们。当我们对自己隐藏那些我们既不想再感受，也不想再经历的痛苦时，我们会麻痹自己，切断一切联络，以“保护自己”的名义寻找逃避现实的方法。不幸的是，这种保护让我们无法活在当下，削弱了我们的表达和沟通能力，甚至让我们无法体验快乐。

如果我们努力去认识这些源于童年时期的创伤（以前我们不具备正确处理创伤事件的专业知识或智力），我们就可以开始用同情心来治愈自己。

痛苦可以不必如此“极端”

有些人在艰难的环境和状况中成长，但倘若成长过程中的痛苦没有得到疗愈，或者我们吸取了错误的“教训”，变得多疑，它就会影响我们未来的行为。正如我在本书前一章中提到的，这会体现在我们与金钱的关系上。有些人面对的是来自孩提时的极端事件，比如无家可归或遭受虐待，但即使是看似微不足道的事情，也会产生持久的负面影响。

我来给你们举个例子。有一次，我母亲对我说："我想让你睡个午觉。"

我当时还是个孩子，不想睡午觉，于是她说："好吧，我躺在你旁边。"这真是太棒了，我觉得很安全，于是我睡得如婴儿般香甜。

但当我醒来时，她已经离开去上班了，我没有意识到这一点，我觉得自己被抛弃了。我那时还很稚嫩，不明白母亲永远离开与为了养家糊口暂时离开我去工作之间的区别。这件事在世人眼中是如此微不足道，所以很长时间我都没有告诉别人。然而，尽管我没有正视它，并认为它无关紧要，我却感受到它对我的影响，并对被抛弃产生了一种莫名的恐惧。

在我童年的其他时刻，我经历过更加极端的情况。

其中一件事发生在我 3 岁的时候。母亲在散步，我骑着大三轮车跟在她后面。她停下来和一个朋友说话时，我试图独自过马路，正好被一辆全速行驶的汽车撞到了。

当我坐起来时，我哭得稀里哗啦，甚至看不见东西，结果不小心跑向了撞倒我的那个女人身边，以为那是我母亲。幸运的是，不远处一个街区正在召开警察会议，一名警察迅速赶到了现场，在警笛声中把我们送到了医院（医院在 30 多英里[1]外）。

当警察冲向医院时，我在母亲的怀里流血不止，呼吸急促。更糟糕的是，她正怀着我的妹妹。那是我第一次看到母亲惊恐万分的样子。

缝完针后，我被推进了一间挤满家属的病房。我的父亲穿着矿工服就赶过来了，脸上沾满了黑色的煤尘，我的祖父母也冲了进来。那个时刻，我亲眼目睹了生命的脆弱——尽管每个人都在我身边，无条件地爱我，这种想法仍然萦绕在我心头：如果我没表现好，我就会伤害我爱的人。

另一件事发生在我 5 岁的时候。每当我和祖父母在一起的时候，我总去他们房子后面的小溪边玩耍，那是世界上我最喜欢的地方之一。在那里，在我的快乐之地，我自创了自行车跳跃运动，建造了跑道，收集了蝾螈，跳过了石头，完全忘记了时间。

然后，有一天，两个大男孩出现了。他们找到我，问我是否愿意加入他们的俱乐部。一开始，大男孩们的关注让我感到兴奋和受宠若惊，但后来他们让我脱下裤子。

我不太记得接下来发生了什么，只记得自己试图骑着自行车逃走，撞到了一个凸起的地方，肋骨又撞到了车把上，最后摔倒在地。鼻子流着血，手肘也擦伤了，还有一些严重的淤青。

当我的父母终于来接我，询问我发生了什么事时，我只是

① 1 英里 ≈ 1.6 千米。——译者注

回答道："哦，没什么，真的，我只是从自行车上摔下来了。"这是我第一次对他们撒谎。

后两个故事显然是极端的例子，直到我承认、经历并处理了这些事件，我才能改变自己与金钱的关系，提高自己的整体幸福感。对于孩提时的我来说，午睡后醒来发现母亲不见了，从情感上来说，这件事与后来我受到的更困难、更复杂的创伤并无太大分别。

由于我们并不总是记得童年时发生的事情，遗忘往往是一种保护机制，因为我们可能被那些约束人们思维和情感的信仰所禁锢。

孩提时期，我们的大脑还没有完全发育，可能很难理解困难和创伤。如果我们成年后不花些时间回顾和审视自己的童年，我们就会形成错误的观念，这将削弱我们示爱、接受帮扶或治愈痛苦的能力。所有这些都导致了稀缺感。

有些人不记得童年的任何事情，因为童年对他们的心灵造成了太大的伤害。现在的生活让许多人感觉不到满足和快乐，他们要么紧紧抓住自己已经拥有的，要么以牺牲今天为代价追求无法实现的未来，因此人们的生活成了未实现的消费主义世界，缺乏快乐和内心的平静。

是时候疗伤了，是时候打破这个体系了。首先，我们要相信我们本身就值得被爱。

是的，你值得被爱，所有人都值得被爱。

好的和坏的，优点与缺点。

是的，即使是错误也值得被爱。我们都会犯错，但你的错误不会摧毁你，反而让你更有人性。它们当然不会让你变得不再可爱，因为爱没有前提条件，也不需要什么成就。我们都可以选择它，爱是最丰富的资源。

你可能会想，为什么我们要在一本理财书里谈论那么多关于爱的话题？这是因为，有了爱，人们就能治愈内心的创伤。你看，很多人混淆了爱和金钱。他们相信只要拥有足够的财富，他们就会快乐，就会一帆风顺，继而被人爱戴。

当遭遇艰难困苦时，不要追逐金钱、麻木或试图逃避，花点时间在反省和宽恕上，做一些简单的事情，这些事情会带来不寻常的结果。这不仅会影响你的幸福，也会影响你与金钱的关系，因为金钱无法弥补童年经历的痛苦，也无法弥补我们对自己价值的错误信念。

人们期望金钱实现它从未被设计或计划做的事情，比如让我们感到快乐、被认可，让人觉得我们很了不起。我们赚钱，是为了体现自己的价值，觉得自己被重视。但倘若没有爱与稀缺感，也就没有成功可言。

只有当我们没有接纳自己，缺乏感激和理解时，我们才会转而用金钱来拯救自己，让金钱来决定自己成为怎样的人。但是，无论是回报率、银行储蓄、运气、纪律还是净资产，都不能给我们带来持久的幸福。

治愈童年

要开启这场治愈之旅，就要从回忆你幼年时因为痛苦而隐藏起来的那些时刻开始，你曾暗自许诺再也不会提起它们。这些时刻催生了一些难以突破的误区，继而固化成了错误的观念，它们支配着你未来的行为，让你无法获得内心的平静。

孩童时期，我们的大脑还没有发育成熟，也没有恰当的方式来处理这些可怕或困难的情况，但如果不加以处理，任其隐藏在我们的心里，等到我们成年时，思维就会受限，内心多疑，逻辑混乱。童年时代形成的挥之不去的受害者意识，会让我们的人生陷入一种屡屡受挫的循环。

几十年后，我们的大脑会识别甚至预测类似的结果。尽管我们成年后或许会以完全不同的方式来处理各种情况，我们的应对能力也会受到早期创伤和童年心理模式的束缚和阻碍。这些时刻加剧了你当前的稀缺感，它们其实是你心里残留的挫败感，它们提醒着你，并终究会阻碍你的发展。

你看，一旦我们用以往的错误经验来识别或定义自己，把世界视为危机重重、令人胆战心惊之地，我们就限制了自己热爱和享受生活的能力。我们的成长之路就会受阻，无法认清自我的价值。

正是在这些担忧和焦虑的时刻，我们的童年问题会再次来袭。我们可能拥有成年人的身体，但如果没有治愈那些关键的、形成性的时刻，早期的不幸经历就会占上风，使我们如同孩子一样处理自己的问题。

是时候来一场治愈性的对话了

当大多数人哭泣时，他们的第一反应是为此道歉。

不管他们怎么解释道歉，他们真正想说的是：

“很抱歉让你看到了我的真实感受。”

“很抱歉我现在很脆弱。”

“很抱歉，这可能会让你感到不舒服。”

哭泣也是一种治愈，所以没有必要为此道歉。

在那一刻，唯一需要原谅的是你对自己不公平的评判。

当你感到悲伤、忧郁、愤怒或沮丧时，问问自己：我第一次产生这种感觉是什么时候？我对这件事最初的记忆是什么？那是怎么回事？是什么触发了它？也许，在那个时候，你觉得有些不对劲，或者你是孤独的，或者你没有发言权。当我们回顾并真正审视自己的童年时，我们会意识到，在治愈之前，世界上所有成年人的努力和金钱都不会给我们带来经济繁荣和持久的幸福。

我开始通过和5岁的自己对话，来改变童年留下的创伤。

我手里拿着一张自己在那个年纪时的照片，带着作为一个成年人的感激和爱意，让那个孩子知道，一切都会好起来的，我会没事的。这帮助我释怀了童年时期的创伤，这些创伤一直影响着我的选择。

那么，你会对 5 岁的自己说些什么呢？让那个孩子知道你未来究竟是怎样的，年幼时发生的事情不是你的错，你可以用温情和宽恕来代替自己的评判、恐惧和担忧。

从自己的童年开始，找一张小时候的照片吧。

看看自己，小时候有多可爱？

可能很可爱。

问问现在的自己，我会打这个孩子吗？

你会把目前所有的失败归咎于这张可爱的脸吗？

你会对这个 5 岁的孩子说今天（在脑子里）对自己说的那些刻薄的话吗？

不，当然不会。

我的那些令人尴尬但起作用的对话需要点时间。我一直在使用成年人的语言，这让我感到很不舒服，但经过几次尝试，我真的能够像对待一个真正的 5 岁孩子一样交流了。我和童年时期的自己大概是这样对话的：

“嘿，伙计，我们能行。没关系。我们做到了。你已经尽力了。你不知道会发生这种事，这不是你的错。没关系，大家都爱你。你很安全！”

当我经历这一切时，我有了最大的突破，开始嚎啕大哭。那是一个清晨，我的啜泣声吵醒了我的妻子，她看到眼泪顺着我的脸颊滚落下来，问我是否一切都好。

简直太好了，这是我在治愈童年创伤道路上迈出的第一步。

疗愈助你度过金融风暴

在我写《杀死圣牛》时，我并不知道这些童年问题的破坏性影响。在疗愈童年创伤之前，我试图用收入来治愈创伤，并证明自己的价值。我想如果我赚到足够的钱，我就有了价值，就能被爱。但赚钱犹如一个黑洞，赚再多钱也永远不够，因为钱解决不了所有问题。

净资产

净资产指的是一个人的金融资产减去其负债。净资产从收入中剔除，因为理论上一个人可能拥有 100 万美元的资产净值，而没有收入。净资产是一个人资产负债表的函数。

当自我价值不再与净资产挂钩时，我找到了快乐和乐趣的空间。我将更多的时间用来陪伴家人和朋友，建立和更新传统，探索业余爱好，学习新技能。我收获了更广阔的视野、全新的使命感和更强大的信心。我意识到，我一直让自己 5 岁时的心

态主宰着我的成年生活。当我不再执迷于通过赚更多的钱来寻求价值时，我学会了知足，学会了拒绝无益的工作和投资。钱成了一种选择，而不是唯一的考虑因素。

我的生活改变了。

比如在 2020 年，当抱怨和恐惧已然成为常态时，新的愿景给了我目标和动力。这让我能够在不同层面上寻求支持和投资。我不再投资任何与自己的业务或技能无关的东西，这让我在事业上加倍投入，也有更多的时间陪伴家人，更好地安排日程。我把时间花在了共同创造与合作上，而不是去阅读电子表格、回应我的财产经理、和律师讨论我的合伙企业的法律实体等。

我认为金钱是服务的副产品，而服务是使命的副产品。我的使命很神圣，我坚守初心，做最有成就感的事。我总是问自己，我的工作日程是否反映了我想成为什么样的人。与其自我思忖是否有足够的钱来体现自己的价值，不如扪心自问：我的生活是否充满了爱？

这个深刻的认识转变，让我不再随波逐流，混乱和经济萧条也与我无关。我内心平和，意志坚定，媒体的夸大其词和无休无止的宣传也无法使我陷入稀缺思维的窠臼。我思维敏锐，头脑灵活，这意味着我可以敏捷地行动，不再为退休攒钱。经济上我获得了独立，已无后顾之忧，可以去做能让我成长的事情，而不必担心是否能付得起账单。在动荡年代，若他人有难，我也可以助一臂之力。

与其自我思忖是否有足够的钱来体现自己的价值，不如扪心自问：我的生活是否充满了爱？

政府和公司无法拯救我们。你的幸福始于自己，始于你的视角，始于从过往中吸取教训，而不是被过去所羁绊。同样，你的幸福也始于责任，充满同情心地去爱吧。

暂停的力量

这个世界充满了干扰。人们在忙碌中难以遵循直觉。我们常常聆听他人侃侃而谈，却很少聆听自己内心的声音。

直觉是微妙而有力的。宁静时才会有直觉，它不会出现在喧嚣的时刻。一天中你有多少时光是在沉默中度过的？你会花时间去思考，或者倾听自己的心声吗？

就从早晨的细微改变开启你一天的时光吧。对有些人来说，这是冥想、感恩或平静的时间。你或许想要写下这一天的一个“小目标”，或者在写作中，提高自己的能力。花点时间回顾一下前一天的工作：哪些方面进展顺利？你会选择哪些方面来改进？需要改变的是，你要为自己的爱好或创造性实践腾出一些时间。什么能让你只是单纯地享受，忘记时间或减轻可能与金钱无关的压力呢？

至于运动，如果你目前还没有锻炼的话，可以考虑从散步或伸展运动开始。着手去做吧，进步比完美重要。如果想要汲取更多的动力，你可以报名参加赛跑或其他比赛，但前提是你真的想要参加。关键是每天都要坚持做一些事情，让你的生活更健康。从投资你自己来开始新的一天，创造空间来设计你的生活。给自己留点时间，利用这段时间与自己沟通吧。点击暂停键，重新评估，重新审视，找回自己的最佳状态。

逃避和牺牲掩盖了繁荣的破坏者、未经处置的痛苦。痛苦就像一个木偶大师，牵着逃避现实的绳子。如果你有未经处置的痛苦，那它可能会导致可预测的、片面的结果。这种痛苦阻碍了经济繁荣，取而代之的是上瘾、孤僻，甚至是疾病。痛苦就像一个盛满忧伤和悲伤、愤怒和焦虑、沮丧和抑郁的高压锅。如果我们不缓解痛苦，结果是不可避免的。但如果我们正视痛苦，感受自己的情绪，结果则截然不同。

痛苦有很多来源——我们的经历，我们的环境，还有我们所爱的人。

要求外部因素来决定自己是否幸福是自恋的表现，这种自恋似乎很高尚。我曾想过，如果我的妻子不快乐，那就是我的错，我必须尽我所能让我的孩子们快乐。但为了让他们免受痛苦，我却在削弱和压抑他们，他们不想告诉我自己是否感到痛苦，因为他们不想让我担心。

正如我的表演教练拉里·莫斯（Larry Moss）喜欢提醒我

的那样，担心是对想象力的一种可怕运用。它把我们孤立起来，阻止我们释放自己的情绪，因为它会让我们切断与人的往来——它会导致我们想象所有最坏的情况，是所有事情看起来不可能成功的原因。

有情绪的时候，感受它，体验它。通过发泄来表达不满，来获得内心的力量，但这种发泄必须能带来积极的结果。使用“安全容器”，或者我称之为“信任树”的方法。找一个你信任的人，寻找一个空间，一个可以处理你情绪的安全容器。与其压抑情绪，假装它们不存在，不如去感受情绪，表达情绪，然后释放情绪。最后，在将要结束时，做出承诺，对导致这些问题的原因采取行动。真正表达自己的情绪，而不去隐藏情绪，这才是真正的自由。

面对痛苦，活在当下，关爱自己，你首先要知道你并没有崩溃，你只是没有处理好自己的痛苦。痛苦是生活的一部分，是人类经历的一部分。生活中有很多事情是我们无法控制的，但如果我们能用亲情和同情来审视我们的经历，尤其是为自己，我们就能到达另一种境界，找到我们一直在寻找的东西：知道我们是谁，以及我们为什么在这里。

第三章

你在玩一场怎样的游戏

稀缺感来自我们自身或者身边亲朋好友的痛苦，这种痛苦源于过往的经历。而认为自己不够好，不值得被爱或无法有所成就的自我否定使痛苦愈加强烈。

如果有人提出如此疑问：“会有人对我多加照顾吗？政府会在意我吗？会有人替我做吗？”这就是稀缺感。

若幸福感不来源于自身，而需要在配偶、孩子、公司或社会中寻找，你就输了。

人们深陷于稀缺感的原因林林总总，但幸运的是，更胜一筹的玩法能够让你胜券在握。

避免失败

稀缺感如双面硬币，其中一面是我称之为“避免失败”的陷阱。这一灵感来源于我曾祖父的人生故事。我的曾祖父在意大利南部一个名为圣乔瓦尼的荒凉小镇长大。几年前，对此地的一次到访让我明白了他在20世纪初就离开这里的原因。当时，曾祖母怀了第一个孩子，但家里入不敷出，曾祖父得想方设法养家糊口。曾祖父、他的父亲和他同父异母的兄弟跋山涉水数周，终于从一处港口乘船来到美国。他们听说在犹他州中部，有一些希腊人和意大利人在挖矿，赚得盆满钵满。然而，一行人赶到那里时，他们目睹了一场矿难造成100多人死亡的场景。

在矿山重新开放之前，我的曾祖父一直以放羊为生。为了攒钱买房子，他把妻子和女儿从意大利带到犹他州的桑尼赛德，他一直住在帐篷里。多年后，曾祖父才再次见到妻子和素未谋面的7岁女儿。这种极度贫困的经历深深地塑造了他的世界观，即无畏牺牲和避免失败。

家族秉持至今的理念会影响未来的好几代人。倘若我们的出身地物质稀缺，成功的机会就因此受限，随之而来的是陡增的压力和对我们自身潜力的消磨。

在财务方面，我的家族非常保守。在成长过程中，我的家人尽可能多地存钱，时刻关心着物价，力求财政结构稳健。他们一生就只知道这些，从而落入了一场注定失败的比赛。

我也延续了这种心态。15岁的时候，我创办了第一家公司。那时我把赚的每一分钱都存起来，吝啬至极。有一次我饥肠辘辘地开车，在路边花7美元买了一袋牛肉干，之后竟然后悔了好几个月。经过家庭长期的熏陶，我曾认为这种思维方式会给人带来安全感和稳定感。

这就是“避免失败”的心态，即严守钱包，害怕被别人拿走，还想抢占先机。永远节省预算，降低成本。

制胜战略

稀缺感的另一面是制胜战略。有一款名为“人生游戏”的棋盘游戏，你还记得游戏中为了获胜走的第一步棋吗？如果第一步走对了，赢得比赛胜利在望。否则，可能满盘皆输。第一步棋就是上大学。上大学获得本科学历，这种观念已经深入人心。在游戏中，即使贷款 25 万美元，人们也会选择上大学，因为根据“生活游戏”的规则，获得学士学位是赢得游戏的关键。“地产大亨”（又名“大富翁”）这款桌游中也有类似设定，游戏揭露了资本主义的核心概念：索取，索取，再索取。玩家们争先恐后地赚钱和索取，以得到公园广场和百老汇街这些产业，而制胜战略是获胜的关键。

某种程度上，稀缺感中制胜战略的观念源于这类游戏。游戏中，人们奔波忙碌、埋头苦干、拼命工作。制胜战略只关乎未来，从不在意当下的享受——一味追求更多、更大、更好、更快，永不餍足。的确，人们会获得财富之类的东西，但是，如同“避免失败”的心态一样，制胜战略的灾难性后果就是无法享受当下、不断自我牺牲和延迟满足。

相比“避免失败”，制胜战略给人们带来更多物质满足，但这两种心态都无法让人享受奋斗的过程。多年来，我拼命工作的动力来自家人，频繁出差和工作也是为了养家糊口。这种所谓神圣的信念，实质上是谎言，这种做法只是为了证明自己的价值。在成功的沼泽中，家庭生活为此牺牲。

不管拥有多少，制胜战略总是让人欲壑难填。当我们看到总有人超越自己，总有人赚得更多，总有干不完的工作，就不能停歇，无暇庆祝，也无法过自己喜欢的生活。

有一部电影叫《人生遥控器》，主演是美国演员亚当·桑德勒（Adam Sandler）[1]。在电影中，桑德勒扮演的主人公有一个遥控器，可以把生活快进。他试图快进那些痛苦的时刻，瞬间就穿越到了自己的晚年生活，但也错过了人生中所有重要的经历。倘若一意孤行，牺牲现在，相信总有一天会得到回报或实现目标，我们就会像电影中那样，以同样的方式失去生活的意义，不断地快进到下一个目标、下一个项目或下一笔钱。

这和退休别无二致。你努力工作、攒钱，等到终于可以随心所欲时，无奈已年老力衰，错过了人生中美好的光景。如果你把钱存入银行，加入退休金计划，等到65岁时，如果市场行情好，你就可以享受这笔钱。但是退休的概念从何而来呢？这来自20世纪，那时的人们即使身处危难，也坚持一周工作七天，直至生命尽头。

为了过上美好生活而奔波忙碌，就是制胜战略的心态，但健康、爱好和错失的记忆又该安放何处呢？

更胜一筹的玩法

另一种不同的方法，我称之为“先赢后赛”，你在游戏开始之前就已经胜券在握。如果你提前规划自己的未来愿景，只要按照计划去落实和执行，你就赢在了前期工作，赢在打造出一个不需要快进和退休的生活上。

生活中什么最重要？每天应该如何度过？生活愿景无法复制，但可以创造成与使命相契合的样子。

为了目的不择手段，舍本逐末，就失去了人生旅途的快乐。如果仅仅关注结果，迫不得已牺牲自己的生活，那就仅仅实现了目标，却输掉了人生。若人生幸福依赖于无法控制的变量，失败就会频繁上演。

所以，一切开始之前，你就要知道胜算有多大。你能掌控什么？如何享受过程？你想玩什么游戏？采取什么样的策略？你的清单上，注意事项有哪些？你喜欢做什么，不喜欢做什么？工作可以委派给谁？哪些机会不值得你付出？

那么，胜算是何物？若没有债务负担，也没有外部价值导向和期望的压力，什么样的东西最能让你满足？这便是超越“神圣信条”的方法，即打造自己的游戏规则。

有人不认可这种思维，错误地认为这是自私自利。然而，在获得满足感时，我们就会处于最佳状态，不再感到稀缺。我们关爱自己，为自己补充能量，而一部分能量来自我们对自己艺术家潜力的发掘，这些潜力让我们描绘了自己的生活艺术。我们不拘泥于世俗的价值观念，而是关注自己认为可以体现价值、提升表现力和能量的东西。让个人表达超越完美的标准，助力我们超越“神圣信条”，促进疗愈内心的伤痕、消除痛苦。

做自己生活的艺术家吧。你想在生活的空白画布上描绘什么呢？你有哪些爱好？你在何时最具创造力、最快乐？当你发现自己的心迹时，你就会发现付出得越多，收获也就越多，创造力也会得到提升。一切从自己开始，设定一个值得付出并稳赢的人生，享受游戏过程，热爱生活。

你在玩一场怎样的游戏？

用“游戏”这个词，有人会觉得贬低了生命的价值。但是，如果我们寓教于乐，把事业当作游戏，似乎更有趣，更能舒缓压力。当我们谈到生意或工作时，往往不愿做过多的牺牲。为何不能以一种愉悦的心态前行呢？倘若可以随心所欲，你会如何制定自己的游戏规则呢？

事实上，我们确实可以创建自己的游戏。人们就是在书写自己的生活——控制自己的行为和反应、做出怎样的选择、支持哪些观点等。

改变游戏规则，提高赌注，并全力以赴。你在玩一场怎样的游戏？

以我妹妹为例，她是一名教师。众所周知，教师收入微薄，但她创建了自己的游戏规则——她的博客。她开这个博客是为了普及有趣的教学方式，比如让学生穿着道具服装学习某门课程。她找到了在教学中取胜的方法，这让她目标明确、快乐无比。她的博客访问量在教学类博客中排名第二，她从中获得的收益比工资还多。她在30岁的时候获得了所在学区年度教师奖，她将自己的游戏非常成功地运用到了她的生活中。

每个人都在书写自己的人生游戏。事实上，你的生活过得如何取决于你如何描绘它，但大多数人都屈服于“鱼和熊掌不可兼得”的心态。我认为游戏应从完全空白的状态开始，无须以任何牺牲为代价。

你的爱好是什么？对你来说，什么才是有趣的？这样的工作才是让你感到值得的工作（即便不是每时每刻都在娱乐）。当你遵从自己的意愿时，为之努力的每一刻都离成功更近。如有幸获得了奖项或褒扬，那更是意外之喜，这样的游戏就是战无不胜的。

关系资本 多多益善

众所周知，在游戏中，特别是体育比赛中，有赢家就会有输家。但我更喜欢称之为“神圣的多样性”。人们各执己见，汝之蜜糖，彼之砒霜。有人做不到的事情，换成另外一个人则手到擒来。这促进了我们之间的交流，让我们寻求合作，而不是彼此孤立。随着这种可能性的展开，我们就可以在“寻找目标”的游戏棋局中体验胜利。人们带着不同目标，走向共同富裕。

想把一件事做好，就必须亲自出马，这种想法源于稀缺心理。如果你想把事情做好，最好还是寻求合作。通过合作，你可以建立关系资本——导师、家人、朋友、人际网络和组织机构，这些关系能够凸显和强化你的优点，帮助你实现愿景。这些人都是你的无形资产，有他们伴随左右，你就能在不同的层面上实现合作共赢。例如，在体育比赛中，领队可以发掘队员的潜力，就是一个很有说服力的例子。

你是否注意到很多人觉得自己被别人忽视，没有存在感，很多人想要被关注和倾听？要想得到助人的能力，就要倾听彼此、肯定他人、互相鼓励和帮助。这些是打开人性中潜能的钥匙，与你互动的人甚至根本没意识到这些潜能的存在。

我们希望自己的资产值得被欣赏，也就是说，我们希望资产增值。我们可以通过表达欣赏为人际关系增值，比如邮寄一张手写的便笺，让朋友知道他对你的重要性，从而建立人际关系资本。

你可以通过提一些有价值的问题促进交流。我过去常常问别人怎样才能创造最大的价值，但后来意识到了这个问题具有局限性。因此，我改成以下问题来厘清思路：“你最大的挑战是什么？”“你遇到的最佳机会是什么？”“你在做哪些项目？”“最让你兴奋的事情是什么？”

花点时间进行高质量的对话，了解其他人的生活。用心倾听，你也许能为他们带来有利的人际关系，让他们的生活达到质的飞跃，或者为他人排忧解难。

而以下这三种想法容易局限我们的视野：钱不充足，时间不充裕，能力不充分。但这些情况只会发生在孤军奋战的时候。在合作关系中，我们可以通过与他人合作，创造更多的价值，建立自己的关系资本来避免这一切。

最近，我通过电话沟通，没花多少时间就为两位朋友建立了联系。我把一个好朋友介绍给我的加密货币顾问和一位老练的投资者。我这样做不求回报，只是单纯地满足自己帮助他人建立联系的喜好。我还喜欢买书，连同自己手写的便笺一起送给别人。

建立关系资本的方式还包括给朋友一个拥抱，为他们冲一杯拿铁咖啡，或邀请他们聚餐。

作家史蒂芬·R. 科维（Stephen R. Covey）曾说过，释放情绪前要往情绪库存储一定的积极情绪[2]。他发现可以通过支持别人收获快乐。无论多么微小的行为，都不要低估它的影响，这可能会在别人内心产生无法想象的连锁反应。

其中的秘诀是：当你容许别人为你提供帮助时，你不是在释放情绪，而是在建立关系。从中你可以收获通过别人为自己助力的技巧。要想获得支持，你可以打破时间和金钱的限制。就像取款之前要先将存款存入关系资本账户一样，你要容许别人为你增值、解决问题和提供帮助。

建立心智资本

另一个隐藏资产是心智资本。它包括知识、智慧、洞察力和策略。心智资本可以通过交流、读书、倾听和实践来获得。日常行为如喝够水和睡得足，都是心智资本发展的条件。

想要发展心智资本，你需要厘清思路，减轻自身的负担，与那些能开拓你的视野的人为伍，多花时间和善于发现你的闪光点的人在一起交流，共同寻找最佳学习方法，定期为自己创造投资空间。

创造稳赢的游戏

游戏的胜利近在咫尺，但想要稳赢就要了解自己的胜算。创造一种你都不想退休的生活吧，只要仿照这个公式，无论你的资源或财务状况如何，都能获得成功。

从共同创造开始，寻找支持和激励你的人，共同突破稀缺心态，通过一起承担责任创造价值。

价值创造

识别出他人的需求，并提供给他们。

下一步是消除逃避主义，这只会让你与你最想要的东西分离或者脱钩。用关爱和同情消解痛苦，不再逃避，你会发现人际关系和经验会提升你的思想觉悟。导师或可敬的同伴提供的一对一支持，会帮助你辨别并克服逃避主义。

接下来是放权。当你产生个人动力或职业冲劲时，可以开始把任务交给想要做这些工作的人。事成之后，你可以用任何方式来补偿他们，包括表达感激、赞赏，当然也包括物质奖励。

然后是合作。当你发现与自己能力互补的人，可以邀请他们参与到游戏中，这样你就能专注于自己最擅长的事情，创造更大的影响力，取得更丰硕的成果。

你的愿景就是获得一场稳赢的胜利。没有它，人们仅仅是参加活动，而没有提高生产力，奔波忙碌，却效率低下。从本质上讲，愿景决定了我们的生活理念，而理念支配着我们的行动。

愿景也是胜算。随着愿景走向现实，价值就产生了。金钱是这种价值的衍生品，繁荣成为我们的生存方式。愿景常常包括共同创造、消除逃避主义、放权和合作。

人人都价值非凡

由于关注不足，人们往往很难领会自己拥有的某种天赋。社会说服我们只有做出牺牲、工作数十年、达到 1 万多个工时，才配得到成功。但事实上，我们本来就值得这一切。当我们扫除这些障碍，确定了自己的使命时，就可以提前获得成功。

繁荣的种子可以破土而出，然而，大多数人因为注意力被分散到其他事情上，在它萌芽之前就放弃了。他们听说有人赚了钱，就争相效仿人家的赚钱模式，但这可能与自己的使命南辕北辙。他们不愿花时间去创造愿景，也没有发挥出自己的最佳能力，而是被眼前的蝇头小利诱惑。他们看到有人一夜之间从身无分文到坐拥百万，便想这样的事何时能轮到自己。

“不花分文，让我飞黄腾达吧！”脑中总会闪过这种荒谬的想法。但是，成功的过程并非如此，你已经错失了胜利的机会。胜利在于过程而非结果，在过程中的体悟就是胜利本身。胜利是存在于游戏过程中的，而不是游戏的结局。

牺牲使命，并不会带来满足感，反而会严重分散注意力，让人漫无目的地偏离轨道，盲目追求利润。以时间换取金钱，以不值得的事物换取对美好未来的虚假承诺，这些习惯构成了牺牲观念。追逐金钱让人们远离成就感，相信“越多就越好”这种谎言。人们放弃了和所爱之人在一起的时间，却无法做自己想做的事情。

分散精力？机不可失？

在本书第六章，我将会阐释投资者基因，它是我在经历了一次房地产危机后，才理解的概念。我曾经半数时间都在做自己不喜欢的事情，害怕与物业经理、租户、银行、律师和电子表格打交道。我读过的很多书籍和认识的很多“大师”都提倡把房地产作为致富的最佳途径。对我而言，拥有一百多处房产的后果是过度杠杆化和扩张。起初，合伙人负责我不擅长的方面，但随后低迷的房地产市场令大多数人都破产了。

正是这种颠覆，让我在本书中强调了一些最重要、最具影响力的思想，这也是对《杀死圣牛》一书中分享的概念的终极考验，是对杠杆、风险管理以及如何成为一名优秀投资者提出的新问题。

投资者

投资者是具有投资能力并为投资收益创造有利条件的人。一方面，投资者要降低风险，制定退出策略，让人们在不同情况下都能获利；另一方面，投资者还要灵活利用实践、加速度和速率，而非单纯地积累。真正的投资者如果不了解投资成功的方案，就一分钱都不会投。

房地产危机是我人生中最艰难的时期。我扪心自问：“我是一个失败者吗？没有我，我的妻子和孩子会过得更好吗？”

我对自己失望至极，虽然从未真正尝试，但我有过自杀的念头。我开始长白头发，体重也增加了。我怠于关爱他人，时常迁怒于身边最重要的人。现在回顾这段时光，我意识到自己从中学到了许多。我本以为房地产投资是难得的机遇，但它实际上分散了我的注意力，让我和自己的使命渐行渐远，其中唯一的好处就是赚钱。我沉浸在一场失败的比赛中，直到选择退出才意识到一个问题：“我能赢得的游戏究竟是什么？”

现金流

现金流是一个人获得的净收入额，是该收入的产生方式以及其可持续性的水平组合。稳定的现金流是由投资房地产等有形资产或知识产权等抽象资产产生的，可以用损益表来衡量现金流。

我喜欢学习，享受创造，通过发表主题演讲、表演喜剧和脱口秀来挑战自己。投资并不一定意味着要进入股票、债券或房地产领域。我投资于另一种类型的财产：知识产权。

我没有放弃房地产，但只有当房地产生意与制胜的人生游戏相契合时，我才应当投资于此。意识到这些，我购买了一间小屋，一间音乐工作室，还有一片地，旁边有河流和池塘。现在，我终于能住进自己购置的房子里，可以退休当一名房东了。即使房地产继续增值并创造了流动现金，我也不为所动。对别人来说，这可能是一项不错的投资，但我不再将其视为机遇。你会怎么选择呢？怎样才能让你感觉充实呢？

给自己投资

在金融业工作了数十年后，人们常问我应该投资什么？应该选哪只股票？我的答案很简单，应该选择自己，你自己就是最值得投资的股票。

现在是时候投资自己，相信自己了。在这个过程中，一定会有一些经历给你带来教训，你可以吸取并改正。生活不只关乎输赢的结果，它是由无数个胜利和失败的教训组成的。通过学习和成长，我们可以摸索适合自己的方法，成为更好的投资者。我们学会把风险降至最低，把实现目标的机率最大化。我们也学会了如何消除痛苦、关爱自己、为自己付出。

通过给自己投资，花时间照顾自己，找到自己的爱好或艺术形式，从而倾听自己的心声，探索自己的愿景。这些东西藏匿于内心深处，我们不该忘记。或许尘世喧嚣和整日忙碌淹没了内心深处的使命，但当我们消除了层层的错误信息、怀疑和稀缺时，愿景便逐渐清晰。把时间留给自己，就能重新找到自我。发现心之所向、心之所动、心之所往，就能创造愿景。让生活和愿景不断发展壮大，接受愿景，不吝表达，使之实现，使之丰富。但是，不要让消费主义或攀比心态吞噬了它。物质主义以权宜之计的名义，奉劝人们放弃自己的选择。如果你不把时间留给自己，就会落入为别人而活的陷阱。

你无须知晓具体要采取的每一步行动，你只需要知道心之所向是成功，然后立刻付诸行动。人们永远无法知道成功的全部步骤，因为世界是不断发展变化的。而且，人们会不禁担忧未来，如果你在行动之前就担心要做的事情，痛苦便接踵而至。

担忧未来使人心力交瘁，相反，如果你行动起来，前进的步骤就会在未来的一步步中显露出来。有时候你得自己安排工作，可能会很有趣，也可能会很凌乱。但最好的方法是从一张白纸开始，切勿复制或模仿他人的成功道路。如果预先就知道自己不会失败，你会怎么做呢？你会把时间和精力花在有意义的事情上吗？只有在万物皆空时，创造才有可能。消除恐惧，把压抑丢在一边，勇敢地去创造吧。

担忧未来

如果你在行动之前就开始担心自己必须要做的事情，你就是在担忧未来。

如果自己的愿景以前从未实现过并且需要发明和创造，不错；如果你需要的是改进，更好了。你可以从这样的角度看问题，想想那些吸引自己的内容，想想你要如何创造，如何参与这场游戏。

当你还处于起步阶段或还没有经历过所谓的成功时，把这看作一份馈赠吧，放轻松一些。倘若你已经享受过成功并积累了一定的经济资源，你或许会沉浸在你既往的成就中而被责任感所拖累，妨碍自己创建有把握的事项。恐惧、怀疑和不确定都是很正常的情绪。把这些情绪作为解决问题的指引，找到消除它们的办法。

无论你走向哪里，你都要确定所在的方向是否适合你。若走错了方向，再多的努力也徒劳无益。人们通常很难意识到自己所做的事情无法让自己充实或与自己的使命不契合。在一场注定失败的比赛中投入更多精力和金钱可能会改善财务状况，但这能实现你的既定目标吗？沉没成本往往很难让人接受，我曾因此备受煎熬。2007 年，我决定为顾客设计一款软件程序。起初我兴奋不已，后来却不得不支付高昂的费用，这令我十分不解和沮丧。我在这个项目上共投入了 20 万美元，但由于语言障碍，我与研发人员沟通不畅。研发得越多，事情就越混乱，我的团队和客户都无法使用这个系统。结果，由于我无法评估沉没成本并试图挽救结果，不愿面对现实，又额外花费了 10 万美元，最终才叫停这个项目。

你该如何利用那些本可以创造价值的时间和精力？对那些消耗精力的项目、想法和人，你有什么可依恋的呢？这些都属于沉没成本。大多数情况下，一开始以为的妙计，最终反而会破坏你的心境和生活。倘若你走错了路，拐错了弯，哪怕你走得再远，也无法接近自己的目标。

重申一次，聆听自己的直觉吧。把时间花在自己和自己的生活上。倘若不必为钱担忧，想想你会做什么？把答案写在一张白纸上。对我而言，我会从事喜剧表演，并把喜剧和金融理念结合起来。跟随你的直觉，舍弃过去的沉没成本。这一切都会是值得的。

最好的投资就是创建你自己的游戏。把时间投入到实现你的愿景上，投入到朋友和导师身上。这些人可以为你提出很多有价值的问题，促使你成为最好的自己。

我在撰写《杀死圣牛》一书时，投入了全部精力。学习写作、编辑和设计，这都是我对自己的一种投资。虽然我对出版一窍不通，为了学习，我雇了一位文学经纪人和一位图书推销员。这方面的投资给我带来了新技能，也与我的目标相契合。创造有意义的工作，实现自身价值，这才是值得你为其付出生活和时间的事情。不要以缺乏资金、缺少技术或时间不够为借口逃避现实。你可以通过放权、合作和寻找共同创业者来成长。有把握的事也需要他人的支持，这就是一种自我投资：合作共赢，成就更好的自己。

深入地了解自己吧，因为没有人会比你更了解你自己。你就是你，世界上没有任何人拥有与你相同的能力。如果你不表达自己的内心想法，就无人知晓。没有人期待你能做得十分完美，即便有人期待，也不必在乎。大胆说出你的想法吧，别追求完美。聆听自己的直觉，这样，你就能过上令自己满意的生活。

在接下来的章节中，我将向读者揭秘九大金钱误区，正是这些误区阻碍了我们通向理想的生活。在痛苦的童年阴影笼罩下，人们更容易相信那些“神圣信条”。既然你已经领悟了过往经历对金钱和投资选择的影响，我们就可以将误区转化为真理，为你和自己的财务命运造福。

第四章

误区一：有限的馅饼

资源难道就这么少吗？一个人想要成功，必须以牺牲另一个人为代价吗？如果资源有限，怎么能让人人都富起来？诸如此类的问题已经困扰人类文明好几个世纪了，而它们是引起众多争论和分裂的根本原因。尽管如此，我们可以根据预测，得出个人对这些问题的回答。

只要人们抱有零和博弈的心理以及物质稀缺的心态，便会相信每个人的资源是很有限的。若无法摆脱这种心态，付出再多的努力、存再多的钱、再自律、追求再高的回报率、碰到再好的运气，或者接受金融大师的建议，都无法挽救你。物质的稀缺揭开了人们内心最糟糕的一面，恐惧、骄傲、嫉妒、自私和你死我活的竞争进一步固化了这种心态，并将其演变为一种生存方式。能否实现从稀缺向富足的转变，决定了我们如何感知他人心理并对待他们，这也是决定我们最终走向繁荣或毁灭的人生哲学。富足有助于人们提升创造力、生产力，让我们变得更健康、更富有、更幸福。

误区：	**真相：**
资源是稀缺且有限的。如果想要属于自己的东西，就必须从别人那里得到。	每个人都拥有足够的资源，我们总能创造更多。我们是可以实现共同富裕的，而不仅以牺牲他人为代价。

对某些人来说，“我们总是可以创造更多”的说法似乎不太严谨。例如，有的人由于缺乏管理和环保意识，而破坏了环境。从这个角度来看，他们确实没能创造更多。这种情况并非富足，而是无知。以牺牲他人或地球资源为代价的消费乃鼠目寸光，后患无穷。非输即赢的认知遵循了稀缺原则，导致不管影响如何，总是肆意索取。

如今，人们倾力为后代积累遗产，不是迫于生存压力，而是想创造可持续的成果。在相互学习、相互服务、相互增值的过程中创造财富，这才是真正的价值。获取价值，不是为了即时的满足或残酷的竞争，而是通过互换所需这一途径，使彼此更富有。

繁荣的哲学

我在《杀死圣牛》的第一章中对比了稀缺与富足，标题是“有限的馅饼”。“有限的馅饼”的含义是，如果有人得到了馅饼中的一块，下一个人就少了一块。也就是说，如果你认为自己在参与一场零和博弈的游戏，你就会认为只有有限的东西可以拿来分配，所有自己获得的都会以牺牲他人为代价，以此人们就进入了一种竞争模式。这种模式仅仅关注所得收益，即使这样做并不提升任何价值。“有限的馅饼”的概念阻碍人们实现经济富足，因为这不是为了让他们成为最好的自己，也不是为了提升价值，它只是一种导致毁灭和稀缺的心理疾病。

显然，金钱和馅饼不是一回事。每分钟，美国联邦储备委员会都在加大货币的供应量。然而，即使货币数量有限，它也可以被无数次转手。货币交换的次数越多，创造的价值就越多，所以馅饼并不只有一个，也不会在某一天突然消失。金钱更像是无限量供应的馅饼，因为人们会继续烤出更多的馅饼。

尽管我们的资源有限，但仍有诸多让资源变得更加丰富的方式。找到新方法，创造价值，与他人互换，这便是合作。人禀赋各异，你需要去发现，你需要欣赏和彰显自己的能力，而不是抢占别人的东西。

稀缺心态

稀缺心态认为，资源是有限的，世界是零和博弈游戏的舞台。在稀缺感中，他人的获得就意味着自己的失去。在这种心态下，害怕得不到公平份额，这会刺激我们下一步的行动。这种恐惧会导致人们做出不理智的决定，尤其是在财务方面。稀缺心态不会提升我们的潜力，相反，它加以限制。

摆脱稀缺心态

我在撰写“有限的馅饼”这一章时，我就知道，稀缺感存在于我们的头脑中，主宰着人们的生活。了解稀缺感会引发的潜在损失，我们可以追溯它引发的失败和留下的痕迹，但当时我不明白稀缺感从何而来。现在，我终于明白了，我知道了这个想法来自何处，以及如何摆脱它的束缚。稀缺感，来源于我们过往的经历，尤其是童年创伤。正如我在本书第二章中所分享的那样，未疗愈的情感或不堪回首的痛苦过往，这些都滋生了稀缺感。如果我们无法从困境中解脱出来，或还没有从过往经历中吸取经验教训，种种压力、痛苦和逃避就会限制我们，让我们无法享受当下，无法获得平静而美好的生活。

通常，人们回忆起童年最艰难的时光会感到十分痛苦。人们为了避免受到伤害，会隐藏起自己最不堪的往事，这非常矛盾。不幸的是，隐藏或逃避这些问题导致的稀缺感仍在作祟，破坏我们的财富和成果。每次遇到这种情况，我们都采取逃避现实的方式规避痛苦。而在这些情况下，人们很容易产生抱怨和责备的情绪。不解决问题，犯起拖延症，这会增强稀缺感，限制我们创造未来愿景、过上满意生活的能力。

稀缺感源于扭曲的哲学理念和错误的信念。这些信念，或根植于童年创伤，或是从社会或他人那里延续下来的。请你回顾成长过程中的所见所闻，你的朋友、家人、老师和牧师是如何评价有钱人的？在什么情况下，人们会损人利己，追逐金钱？你对金钱的态度是积极还是消极的？

人们很难摆脱对金钱的执念。倘若从小生活拮据，或者这种心理是你家庭文化的一部分，那么你可以咨询那些已经摆脱了这种思维定式（包括思维受限）的人。这样做有助于转变心态，重塑思维。

15 岁时，我便开始采访当时所在社区的成功人士。我深知，这些人和我家人的观点有所不同，因此我想了解他们的想法。高中时，我参加了一些项目，并与几位课外老师有所联络。其中一位老师叫泰瑞·塔布斯（Teri Tubbs），他资助我参加了一个名为“自由企业”（Free Enterprise）的学生竞赛。这次经历，是我提升沟通和创办企业的能力的起点，带我领略了创业的前景。我还参加过一个名为“州长荣誉学院”（Governor’s Honors Academy）的暑期项目，我在那里遇到了许多参议员、发明家和出类拔萃的学生。我犹记得，当时我见到了雷恩·扎菲罗普洛斯（Renn Zaphiropolous），他是施乐技术的发明者。他教我们烹饪，并将其与商业领域进行类比。他还讲授了在烹饪中使用基本作料，来创造持续结果的概念（温度和时间把控至关重要），而且你可以试着增加食谱，或者创造新的食谱。然后，他向我们介绍了自己商业盈利的基本秘诀。其实，我去年开始做汽车美容保养生意时，就用了他教的这个秘诀，收入直接翻了两番。然后，我拿出一部分利润，重新投资到业务之中。雷恩的核心理念是培养技能，给人才和人际关系投资。我记得最清楚的是，他让我感到成功唾手可得，只要我愿意学习和应用他分享的方法。

在与雷恩互动后，我收获了信心，开始接触其他成功人士，并向他们请教成功之法。当你真诚地向他们寻求建议时，你可能会感到十分惊讶，他们竟会如此倾囊相授，不吝赐教。你需要做的，就是找出这些成功人士看重的东西，以及自己如何支持他们的行动，或者，你仅需要感谢他们给你带来的积极影响。你需要先创造价值，然后再在关系资本中储值。

富足的心态

富足的心态让人们相信，在社会中有足够的资源来满足所有人的欲望。富足的核心，是相信人类的聪明才智和价值，并尽可能多地运用自己的聪明才智和价值，来改善自己的生活和社会。

摆脱稀缺心态的最好方法就是为他人服务。探索更多的方式为他人服务吧，利用好人际关系和精神资本去帮助别人。你做得越多，你的富足心态就会越发坚不可摧。

我们生来就是创造者

“有限的馅饼”的心态认为，一个人的胜利是以牺牲另一个人为代价的，这会招致他人的愤怒和孤立。这种信念体系和“神圣信条”，阻碍了合作的可能。创造财富，始于内在，源于我们的天赋、才干和能力，来自我们所持有的观点。交易能创造财富。也就是说，当我们通过服务他人和解决问题来提高价值时，金钱就随之而来了。

当今世界，技术的发展带来了低廉的成本和崭新的可能性，而在过去，这需要数百万美元才能实现。通过开源、区块链和其他技术革新手段，人们可以凭借更少的资金、更少的时间和更小的后果来完成更多的工作。创新，得益于富足与合作。当我在撰写《杀死圣牛》时，科技还处于起步阶段。当时看起来希望渺茫的事情，现在看来却是大势所趋。通过众包的方式，新兴公司以惊人的速度迅速崛起。资金渠道来源于客户，而非借款或没收的股权。资金从客户群获得，而不是由银行或风险投资者提供资金，这是一个不可思议的合作方式。你可能只需要一个想法或关系，就可以扫除主要障碍，催生实现任何想法或目标的动力。

我们生活在一个前所未有的富裕时代。然而，即便旧模式告诉我们要以牺牲他人的利益为代价，我们依然可以实现另一个层面的共同富裕。通过争取他人的支持，我们可以实现自己的目标，并通过服务他人来提升价值，从而摆脱“有限的馅饼”这个误区。

人们生来就是创造者，我们可以用与生俱来的天赋过上非同凡响的生活。我们可以通过洞悉自己的本性，摆脱稀缺感和恐惧心理，开始接受和表达富足。当我们开始充分思考时，思想和行为的变化就会在外部表现出来。正如20世纪英国伟大的心灵导师詹姆斯·艾伦（James Allen）在其《做你想做的人》一书中写道的那样：“人并不能吸引到他们所想要的。人可以吸引到的，源于自己的本质。”[3]

第五章

误区二：
金钱即权力

金钱有助于我们获取资源，买到便利工具，雇用员工，带来关注（既包括我们想要的，也包括不想要的）。这看似一种权力，但金钱只是储值的收据，是价值的副产品。金钱本身没有内在力量，仅仅是一个概念，但如果金钱被误读，我们就会感到渺小无助或强大无比。通过研究人们追求金钱的行为，我们可以得出以下结论：金钱是一种虚假的诱惑，这种诱惑充其量只是暂时的。围绕金钱编织的诸多谎言包括：钱多多益善，钱越多越有魅力；钱让你更有价值，更受赏识，更受人尊重。这甚至体现在衡量和描述金钱的术语中，如“净值”“升值”“价值”。

金钱能够提高效率，也可以有很多其他用途。但若没有愿景，没有制胜的人生游戏，越多的钱可能意味着更多的精力分散。

重申一遍，金钱是一种观念、概念，它被严重曲解了。以“金钱是万恶之源”这句谚语为例，这已然成为许多人的执念，并基于这种执念做出决策。这种执念远非一个误区，这句谚语本身也被断章取义。正确的措辞来自《圣经》，原文是“贪财是万恶之源。”[4] 金钱本身没有任何权力，都是人赋予金钱的权力。若贪财胜过爱人，这种贪婪就可能强大到引诱人们做邪恶的事情，但金钱本身并不邪恶。金钱是一种效应，或者说是一种副产品，创造价值才是金钱存在的理由。

我相信实现繁荣等同于完成使命。如果我们提供的服务与使命一致，那么我们在服务他人时就会感到满足。我们做得越多，就越富足。这个为繁荣赋能的定义打破了“金钱是万恶之源”的误区，因为只有帮助他人，才能实现繁荣。

误区：	**真相：**
金钱即权力。因此，金钱是邪恶的。	金钱不过是人们创造价值的一种表现和副产品。

视金钱为权力

当我们视金钱为权力时，我们就把控制权交予外部因素（公司、政府或运气），这限制了我们即刻采取行动的能力。我们既失去了权力，又以牺牲自己的生命和幸福为代价在追逐金钱。这佐证了人们不惜一切代价只为赚钱的观点。视金钱为权力也会迫使心地善良的人以金钱的名义做出一些不符合他人最大利益的行径。表面上看，这是基于奖励索取者的机制来证明我们的行为，但这无法长久持续。当我们把自身价值与拥有的金钱数量关联时，金钱就会凌驾于我们之上。金钱，只是一件无生命的物品，要么是一张印刷纸张，要么是电脑屏幕上的一串数字。

视金钱为权力时，我们的行为便有迹可循。我们疲于奔命、兢兢业业、拼命工作，把健康、家庭、梦想等一切都抛诸脑后。我们被这一错误信念所累，把自己的力量交付给了毫无希望可言的未来。我们随时听候下一份金钱和下一次机会的差遣，沦为“更多的钱”这一虚假承诺的奴隶——因为更多的钱意味着更多存在的意义，更多美满的幸福，还有很多其他“更多”。

不惜一切代价赚钱，就会错失最好的自己和最爱我们的人。

尽管金钱可以给我们带来人力、物力甚至时间等各种资源，但金钱本身并不能解决问题，也不能取代人类的创新力。只有通过使命、精神和关系资本，我们才能发现自己的力量，从而提升价值、服务他人并解决问题。

钱能解决的问题都不算问题。一掷千金并不能解决人们面临的最主要问题。美国耗费大量资金解决健康问题，包括心理健康、瘾症等。美国在医院建设、医生培养、医疗服务等方面的投入比其他任何国家都多，但美国却不是最健康的国家——远远不是。

不承担责任，一味追逐金钱，是通向毁灭的不归路。没有使命感地追逐金钱，会滋生无休止的欲望，也会粉碎成就感。

流通

谈到钱，重要的不是赚了多少钱，而是如何使用钱。就像电流通过扬声器电缆把声音从扩音器带到扬声器，聚集扬声器电缆不是重点，重要的是电流得以传播。积累净资产类似于积聚扬声器电缆。除非有办法让它流动（声音流或现金流），否则将毫无意义。对于金钱，人们真正追求的是利用其建立联系。

如果不与他人建立联系，我们就会形单影只。孤独会滋生忧虑和绝望，而光靠金钱不能解决这个问题。因为金钱只是一种工具，我们可以利用商品和服务获取他人的金钱。但是，如果金钱不被使用或分享，又有什么用呢？倘若可以拥有世界上全部财富，但必须一人独享，这么做值得吗？显然不值得。

人们对金钱有着一种非理性的恐惧，因为我们知道金钱会让人发生改变，钱越多则会彻底改变我们。许多人害怕财富，他们认为这种变化会让生活更加焦头烂额，还有一些人敛财如命，认为财富会让他们快乐。你所拥有的货币额度使你更了解自己。若你天生慷慨，增加的财富只会让你更加慷慨。若你贪得无厌，财富只会更清楚地揭露你的贪婪。银行存款余额并不能改变一个人，只有人们自己才能改变对银行余额的理解、改变与银行余额的关系。如果没钱就不快乐，那么即使有钱，也永远不会快乐。虽然金钱重要且有用，但若认为钱能解决所有问题，这个想法本身就是症结所在。

权力来自联系，与使命的联系，与人际交往的联系。人是唯一真正的资产，人与人之间的联系蕴含着巨大的能量。

当我们认为金钱是障碍时，或者认为只要拥有更多的财富，一切问题就会迎刃而解时，我们的学习能力就会受限。因为我们忽视了问题的根源，这令我们头脑不清醒，钱只是一张收据而已，我们忘却了钱背后的人和价值。

再提一次，钱就是收据。我们用它来储值。这是一张可以兑换的收据，我们可以用它来挖掘他人的价值。但如果我们不清楚自己想要什么，或不知道什么是重要的，钱就永远不可能成为具有价值的替代品。反之，当你树立一个愿景时，金钱就可以为这个愿景助力，因为当我们了解自己的价值时，金钱可以助力我们获得支持来提升价值。

价值的副产品

当我们视金钱为价值的副产品，而非运气的象征或贪婪的工具时，它就能对我们的行为产生影响，令其与繁荣和富足的方向相配。许多企业和投资对社会的贡献微乎其微，或以牺牲他人为代价来降低价值。闪电交易就是一个恰当的例子，它使用超级计算机在交易中获利。华尔街开发的诸多工具在设计时都参考了非输即赢的理念。每当你听说可以不劳而获时，都得小心谨慎。你要根据价值做出选择，因为这样会让你的生活更为充实。

另一个价值不高但稳赚不赔的例子是日内交易，日内交易于社会而言毫无价值。日内交易者使用期权，和赢家与输家一同下注，这种仅靠单击鼠标的行为并不能为双方提供价值。

有一次，我和妻子参加了一个写作活动，我们和坐在身旁的女士交谈。她说她正在写一本关于日内交易的书。

我问："这本书有什么用？"

"我可以在任何地方谋生。"

"是的，是的，我明白它为你提供的价值，"我说，"它为世界提供了什么价值？"

她沉默不语。

有时我们认为，赚到了钱，就一定创造了价值。然而，像衍生品这样深不可测的东西仅仅意味着，富人通过从辛勤工作的人身上捞取钱财变得更富有。而为了实现美国梦，这些勤劳分子把钱存起来，相信有一天，总有一天，他们的投资会为其带来回报。但大多数时候，他们发现事实并非如此，因为费用过多，或是众多风险导致损失惨重，抑或撇脂定价和市场波动的情况频发。

我祖父收入不高，但他在我们家算是很富有的了，因为我们爱戴他，也崇拜他。如果他把他接受的所有价值都奉献给世界，那么他可能会获得更多财富，但这并不是他的目标。他的愿景是关爱和支撑自己的家庭。有的人说，如果你不在世界范围内有成，那你就不算成功，但另一些人将成功定义为受到家人的爱戴与崇拜。

这不是一个非此即彼的问题。倘若你确立了目标，制定了规则，并明晰其范畴，你就可以同时为家庭和世界服务。如果不这样做，世界就会为你制定规则，但幸福的家庭或美满的婚姻不是世界所给予你的。

从为人们提升价值的角度来丈量资产，我们就能知晓投资的奥秘。受某事影响的人数越多，或者某事对这些人的影响越大，这件事就越有利可图。对人们而言，利润是价值的副产品。

财务自由

许多人认为人生的终极目标是实现财务自由。一些人认为，财务自由可以用银行存款，或最终退休时间衡量。我认为这是一种心理状态，即金钱不再是做不做某事的主要原因。虽然金钱仍需要考虑，但当你实现财富自由时，它不是首要考虑的因素。

当你拥有财务自由时，金钱不再是做决策的理由或借口。

价格、成本和价值都是影响财务自由的因素。首先，若只关注价格，我们就永远无法获得财务自由。即使商品打六折，我们也未必会买。

其次是成本对经济的影响。有些东西价格低，成本高。我曾搭乘过边疆航空公司的航班。的确，也没那么糟糕，但我个子很高，而座位不能放倒。但由于在航班上我无法使用笔记本电脑，意味着我不能在飞机上工作。也就是说，我用较低的价格买了飞机票，但由于不能用笔记本电脑，花费了较高的成本。另一个价格低、成本高的例子是加工食品。在一元店买加工食品是为了省钱，但它是用高果糖玉米糖浆制成的。如果你因为食用这些加工食品得了糖尿病或产生其他健康问题，也就体现了价格低、成本高。

如果有其他选择，我宁愿雇用一名价格高、成本低的会计。当然，你可以用较低的价格雇用到某些会计，但他们完成工作如历史学家般“严谨”，他们会说“这些是你赚的钱，那些是你欠的钱”。他们不考虑未来，也不考虑如何通过制定减税策略来彰显价值，因为雇主交的税是规定的两倍。他们会造成价格低、成本高的后果。

价值是整体满足感和成就感的集合。从旁观者的角度来看，这也因人而异。要想实现财务自由，你首先要考虑价值，其次是成本，最后是价格。当我们只考虑价格的影响，单纯考虑价格时，我们完全无法实现财务自由。我愿意花更多的钱购买头等舱的机票，因为我可以在飞机上写很多东西，这对我来说很有成效，这比坐经济舱省下的钱更有价值。

有些人抱着“避免失败”的稀缺心态，把大量时间花在节约上，以至于忽略了大局。我刚结婚的时候，就还生活在这种稀缺的心态中。

当时我的妻子问道：“为什么我们不再看有线电视了？”

“我在省钱。”我说。

“怎么这么热？”

“我把空调关小了。”

我做的每一个决定都是为了省钱。

重申一下，财务自由是指金钱不再主导人们的决策。我记得，早些时日，我很难真正享受所做的大部分事情。如果这件事没有收益，那我就不想做。在那段时间，我虽然兢兢业业，但因为眼光短浅，碌碌无为。由于忙于工作和省钱，我投入了很多本该属于自己的金钱和时间，难得有几天休息，因为休息就会直接失去收入。我也曾认为如果我不去见客户，就赚不到钱。

最终，我的合作伙伴激励我，把用在预算、削减开支和担心成本的时间花在其他地方。周六，他们把我锁在办公室里 10 个小时，专门思考如何提高效率，如何增值。虽然艰难，但就在那时，我突然想出一个主意，为金融专业人士建立一个研究小组。最开始是小组活动，每个月在办公室聚一次。

后来，我们定期开会，参会人员很多，坐满了酒店的圆形剧场，我们每周召开电话会议，获得了足够的日常收入来支付基本开支。10 个小时的思考创造了一个增产项目，而非减产项目，也给我们带来了更多的满足感和更丰厚的收入。

生活质量和遗产

精英、富人会关注生活质量和遗产，而瘾君子或者贪婪的人只想不惜一切代价，攫取更高的利润，他们在这条道路上令许多人蒙受损失，也碾压了许多对手。正是因为这些人的存在，人们才会相信金钱即权力，是“万恶之源”。新闻中常见这类人，但对那些富有爱心、做善事并一直在寻找更多方式行善的宅心仁厚之人，我们却知之甚少。这些品德高尚的人希望帮助别人疗愈创伤，并通过努力回报社会。我身边有许多这样的人，但他们不会自夸说，“嘿，瞧我，我多伟大。”他们之所以做这些事是因为他们本性所致。

近年来，我结识了一些亿万富翁，并与其中几位结为朋友。与媒体报道的相反，他们是我见过的最善良的人。他们一直在思考：怎么帮助别人？我能做些什么？他们为自己的家庭投资，也认真琢磨遗产的问题。

我希望通过本书帮助你们恢复对人性的信心和希望，帮助你们理顺财务状况，这样你们就可以开始高效地思考自己的目标，以及如何对最重要的人产生影响。当我们对自己的财务状况深感压力时，我们会灰心丧气，既无法理性思考，也不能享受当下。我们没有时间去治愈童年的创伤，也没有时间拥抱大自然，更没有时间培养业余爱好，所有这些都严重降低了我们的生活质量，而真正富足的关键就是良好的生活质量。

我们的生活有质量吗，还是仅有数量？在内心深处，我们都知道，拥有物质所产生的快乐是稍纵即逝的。这种短暂的“幸福”——真的算幸福吗？我们会因购物欢欣雀跃，然而两周后，我们甚至忘了曾经买过它。

归根结底，这就是生活和人际关系的质量。如果在生活中，我们能与自己和他人保持良好的关系，那才是真正的财富。

一贫如洗的人能感到幸福吗？答案是肯定的，但前提是得拥有高质量的人际关系，找到并实现自己的使命。家财万贯的人能感到幸福吗？答案也是肯定的，但前提是拥有良好的人际关系，并能用物质财富来寻找和实现使命。幸福也好，痛苦也罢，都不是由金钱决定的。

有些人是有钱的可怜虫，也有些人是没钱的可怜人。快乐是一种满足感，这意味着你不会每时每刻都感受到。有些事情可以让你暂时得到快乐，但不一定能带来长时间的满足感。所以你要谨慎，不要为了一时的快乐而放弃你的使命。

实现使命需要付出努力，比如疗愈童年创伤、直面不安全感、突破挫折，找寻我们的价值。如果这些与我们的使命不一致，就不会富足。

满足感是衡量富足程度的最佳指标。繁荣可以带来满足，满足也可以实现繁荣，两者缺一不可。

如果我们追求繁荣，我们就在为自己和他人创造最大价值。人们错误地认为，金钱能决定我们能否获得财富以及获得财富的方式，这种认知误区往往阻碍人们发挥潜力。你必须牢记，为他人和自己创造价值的机会是无穷无尽的，但是错误的观念会妨碍我们发现这些机会。

第六章

误区三：
全都是为了数字

当你在网络上搜索某位著名人士的名字时，你经常会见到净资产作为一个附加的搜索词出现在眼前。净资产，只是一些数字而已。扣除负债后，它们又有多少价值？人们往往把数字和价值画等号，而不是从人的感受出发。

繁荣与否与我们账户上的数字关联不大，而是与幸福感和满足感紧密相连。这种思维方式的转变有助于我们正确地看待数字。

误区：	**真相：**
财富等同于账户余额的数字大小，所以你会希望它是个大数目。	创造自己热爱的生活，找到快乐和满足，这才叫财富。只关注数字往往会阻碍你获得真正的财富。

数字不能说明一切

数字是一个有利的工具，能够用来量化事物，但最重要的东西往往是无法衡量的。

一个吻、一句赞美或一个拥抱，它们值多少钱？

一次午睡又值多少钱？

你写下了一个笑话，拿着它首次登台演出，虽怀揣不安的心，但感悟到与观众中某人的心灵相通而心生雀跃，这又值多少钱？

我最美好的回忆，是那些不用谈钱的时刻。一般情况下，金钱算得上是很有用的东西：手中有了钱，我们能够旅行，可以在高档的餐厅中用餐，入住精致的酒店。但钱并不是获得快乐的必要条件。例如我在大学的第一年，虽然手头拮据，但却过得很自在，也留下了许多美好的回忆。

我会永远记得2020年12月5日的那场家庭聚会。我的父母、姐姐、姐夫、妻子和一大帮人，一同度过了改变我们人生的一天。大家彼此开诚布公，承诺不再忧心忡忡或独来独往，而是经常电话联系或开车互相拜访——大家一致认为，家人之间可以相互依赖，交流心事，互相扶持。

我们在改写家庭成员彼此相处和往来的模式。

过去的相处模式是，不想让亲人担心而自己默默承受痛苦。我的母亲在肾移植手术前差点没撑过去，但两位老人瞒着我们，只是不想让我们担心。在家里，我们从小被教导遇事要保持沉默，而不是分享。然而在家庭聚会这一天，大家都在尽情分享。尽管这样的交谈并非易事，但是大家倾诉了彼此内心深藏多年的事情，这样的情绪价值难道可以用钱来衡量吗？

宽恕和与人建立的关系价值几何？一元钱能交换什么或改变什么吗？生活并不能用金钱度量，它充斥了各种经验教训、酸甜苦辣的回忆和形色各异的身影。你怎么能量化生活，或将其简化为一个数字呢？你不能这样做。

全家人在一起度假的时候，我握着父亲的手，凝望着母亲的双眸。在那一刻，我感受到了亲情，感觉到了家庭关系的重要性。我告诉他们，对我来说，他们有多么重要，我有多爱他们，这种感觉妙不可言。他们二人也就此机会告诉儿媳妇，他们觉得她是如此慷慨善良，我们是真正的一家人。这种交谈的成本如何计算呢？

显然，家庭的作用无法待价而沽，家人们相聚可以开怀大笑。当年，我儿子曾出现过一些严重的健康问题，但我的父母表示，我们夫妻二人并非孤军奋战，他们会倾其所有帮助我们渡过难关。这种随之而来的安全感，真的与数字无关。

这不仅仅是那点数字的问题，真的，重要的是彼此联系。是爱在扮演主人翁，是使命在指引一切。

钱，确实有益、有用又高效，但生活，不是用数字来衡量的，而是由诸多时刻和记忆拼凑而成。

投资组合的价值

一位朋友问道：“我投资了一笔钱，你能帮我评估一下我这笔投资的价值吗？”

我答道，“我已经不再是投资顾问了，所以我无法给你任何投资建议，但我可以给你一些哲学思考。我很了解你，据我观察，你所持有的股票中的一部分，与你的身份不符。你参股了洛克希德·马丁公司[①]（Lockheed Martin），可你不像是搞导弹的。你还参股飞利浦·莫里斯公司[②]（Philip Morris），我也不认为你喜爱吸烟。你要做与你的使命契合的投资，这样你会更了解情况，也更接近结果。”

我们用自己的钱去投资。但是，我不会投资任何股票市场，因为我早已不喜欢如今的华尔街。起初，股票供企业们筹集资金，营建基础设施。如今，那些人拿到别人的钱后撒腿就跑，这样的做法既不道德，也没有责任心。我们能见到一些公司在上市前就吸引了大量资金，我们举一个鲜明的例子：办公大楼租赁初创企业 WeWork。他们这种筹措资金的方式，夸大了公司的价值，导致 WeWork 的首席执行官在公司正常赢利之前，甚

① 洛克希德·马丁公司，创建于 1912 年，是一家美国航空航天制造公司。——译者注

② 飞利浦·莫里斯公司是当今世界上第一大烟草公司，总部设在美国纽约。——译者注

至就已经套现了 7 亿美元。虽然拥有充足的资金，但他们却缺乏可行的金融模式。在首次公开募股（IPO）之前，媒体的炒作引发了大量关注，并推高了股票的潜在价值。这个原始股估值很高，但事实上，WeWork 获得的资金量与创造利润的能力之间有着天壤之别。最后的倒霉蛋是谁？答案是投资者，而不是企业所有者。企业所有者过着潇洒惬意的生活，而投资者们的收获却与预期相差千里。

这就是我对股市颇有微词的原因。私营公司和小型企业的雇员总数比大企业多，它们做了很多贡献。与之形成鲜明对比的是一些大公司，饱享政府纾困助力，却任人唯亲，贪污腐败，似乎并不关心老百姓和大环境，甚至不在乎真相，因为他们需要抬升股东的价值，压制创新，以便他们继续统治下去。

在我选择离开这个体制后，我的生活也变得更美好了。我的情绪不会随着市场的波动而波动，我投资自己了解的、喜欢的以及能改善现在和将来的生活方式的领域，这些选择是由我的投资者基因所决定的。

投资者基因指的是我们与投资的关系。大多数退休规划师都只销售基金，而这些基金和客户的投资者基因无关。

投资者基因

让我们用遗传学理论来进一步探讨投资者基因这一概念。

人们一度认为，基因决定命运。后来出现了一个新领域，叫作表观遗传学。它表明，基因只能决定每个人的 2%~10%，是表观遗传学释放或激活了其余部分。

每个人的投资者基因意味着其对某些事情更具天赋，适合继续学习和发展。

首先，这种基因的第一部分是你的核心价值观，即操作脚本。公司会制定公司价值观，但大多数人却并不拥有自己的核心价值观。当我们重视某件事时，因为觉得它与其他事情不同，我们会格外认真地对待这件事。

其次，投资者基因中还包括核心驱动力。我们不仅要考虑某件事的价值，还要考虑人们对此事的热衷程度。

再次，核心竞争力也是投资者基因的一部分，而且是最佳技能的一部分，因为它决定了以下内容：基于天赋，我们比别人理解得更快更好的领域是哪些。

核心价值观 + 核心驱动力 + 核心竞争力 = 投资者基因

我对金融有很强的领悟能力。我可以饶有兴趣地学习，且学得游刃有余，记得住财务行话。而对别人来说，它学起来就像一门外语一样困难。我可以认真分析美国养老保险计划〔401(k)

计划」[①]，权衡出它的利弊，哪些可行，哪些不行。我把钱理解为一个概念，所以我能看出电子表格背后数字的真实含义，但是大多数人对钱的理解仅限于数字。我的这种能力就是投资者基因的一部分。

你的投资者基因让你拥有这种能力，帮助你加快学习的脚步。它驱使着我们，让我们兴致高涨，为我们贡献价值。是它，向你展现了真正的自己。

当我们意识到自己拥有投资者基因时，我们就可以将这些品质与我们所做的投资联系起来。当脸书公司进行首次公开募股时，有人向我推荐脸书公司的股票，但这并不符合我的核心价值观。我觉得自己不喜欢脸书，也不太了解它，也认为它并非我投资基因的一部分。虽然有些人从中大发横财，并且和说我本可以赚上一笔的，但我认为，我这样做的话会令我分心。

这是至关重要的区别。在我们还不了解自己的投资者基因时，大多数人都无法分辨眼前的到底是一个赚钱机会，还是干扰。

① 401(k) 计划，也称 401(k) 条款，是美国在 20 世纪 80 年代初创立，由雇员、雇主共同缴费建立起来的完全基金式的一种养老保险计划。美国政府将相关规定写在国税法第 401(k) 条中，故简称为 401(k) 计划。——译者注

商机还是干扰？

再举一个看似是一个机会，却使人分散精力的案例。有一次，我的姐夫来找我并且说道："我要把这处房产卖掉，急需25 000美元，作为第三方托管的费用。目前已经有了买家，就剩签约了。我会在三个月内还给你50 000美元的。"我同意了这笔交易，他照他说的做了，年回报率为400%。

你可能把这次投资看成一次赚钱的机会，但它并非如此。我知道怎么弄清房产、装修或找到买家需要付出的代价吗？我并不知道。由于拥有这种人际关系资本，我似乎觉得这是一个机会。但是，它让我产生了一种虚假的个人成就感，混淆走运和做得好这两件事。

我的另一个朋友透露说，他有一笔房地产交易净赚了19万美元，而这仅仅是我获利的一半而已。还是那句话，我只是走了运，而不是做得好。在我对房地产行业一无所知的情况下，最初的四五笔房地产交易让我飞黄腾达。

实际上，截至2007年，我已经拥有了100多处房产，但我对房地产知识却知之甚少。2008年，正如巴菲特所言，"只有当潮水退去，你才会发现谁一直在裸泳。"[5]水涨船高，只有当潮水退去，你才会发现哪些人是运筹帷幄的。

由于对很多房地产策略都不够了解，因此我必须努力学习。这占据了我一半以上的时间，也意味着我的其他业务在2008年遭受了重创。那是我第一个低谷年，原因是我被自己本以为是一个商机的事情分散了注意力，它并不契合我的投资者基因，所以最终耗费了大量时间和金钱。

我投资了自己的小屋，因为我了解这个地方，我享受并且想利用好我的小屋，这里是我休养生息和进行内容创作的殿堂，也是我运作的一家公司的总部。它为我提供了一个播客工作室，以及与客户沉浸式交流的空间。我投资给我的个人业务，如创造知识产权，如写书和创作喜剧特辑，这些都属于我投资者基因的一部分。这是我的志向所在，也是令我踌躇满志的事业。

大多数人认为投资就是向股票、债券和房地产投资。我把投资看作书籍、场所和技能的集合体，因为这些才真正属于我自己。那么，你是怎样的人呢？你对于自己正在投资的项目，够重视和了解吗？

成功与教训

我曾经在田纳西州的富兰克林地区有一处我从未见过的房产。我的合伙人破产了，而我还做了个人担保，这意味着这处房产不能一卖了之，需要把它交给银行，银行最终扣押了这份资产。

为了解决这个棘手的问题，我前后七次前往田纳西州，承受了巨大的压力。我的投资基于这样一种共识：我的合伙人提供知识，我提供资金。处理负现金流给我带来了紧张和压力。

有一次，所有房产的负现金流迫使我借钱，只是为了交齐儿子的语言治疗费用。这令我十分痛苦，我承受了巨大的压力，陷入沮丧的情绪中。我最终为此支付了高昂的学费，长了教训。最终，在我处理完这笔投资时，我扪心自问：就自身储备的知识而言，在投资之前应该思考哪些问题？这次痛苦的经历让我开始意识到，要有投资者基因这个概念。

我意识到风险是由投资者承担的，而不是投资本身。

倘若两个人拥有相似的房产，一个人赚钱，另一个人却赔钱，这怎么可能呢？好吧，赚钱的人可能了解股权分割、爱彼迎[①]（Airbnb）套利和卖家融资这些策略，或者有一份潜在买家的名单。

几年前，我曾多次采访一位名为罗伯特·清崎（Robert Kiyosaki）的投资人，他热爱房地产事业，至今仍在参加房地产研讨会，并将其当作一门生意。

有一次，我对他说："你有数百万的人脉关系，人人都有兴趣购买房地产。你和那些没有人脉关系的人截然不同，你拥有更多的投资者基因。"

2002—2006年，内华达州拉斯维加斯的房价暴涨。由于购买需求激增，人们必须通过摇号才能买到新房。但实际上，很多需求是人为制造的。投资者们纷纷买入和抢注，因为他们想

① 爱彼迎是全球民宿短租公寓预订平台，提供短期出租房屋或房间，让旅行者通过网站或手机发掘和预订世界各地的独特房源。——译者注

的是，6 个月后就把它卖掉，获得 10 万美元的收益。没有人从投资者基因的角度思考，也没有人意识到人就是资产，他们只觉得财产才是资产。最终，买房的投资者大量涌入。如此一来，租赁市场上到处都是全新的房产，其租金仅相当于抵押贷款费用中的一小部分，市场随之崩盘。

我的公司“财富工厂”的大部分客户从事健康领域。他们有些人处于研究和发展的最前沿，正撰写着相关主题的书籍并发表研究成果，了解这些公司幕后的推动者。

我还有一个好朋友，他也是我的客户，名叫迈克。他参加了“财富工厂”的工作坊，了解投资者基因的理念。当时，他投资了共同基金。在知晓了投资者基因后，他打电话给经纪人说：“我们要放弃所有的共同基金，转投我了解的项目。我喜欢特斯拉，也开特斯拉，可能还会再买一辆，所以我们就投资特斯拉吧。”他想到了他每天使用的东西，或者让他的生活变得更美好的公司。他投资于这些公司，取得了巨大的成功。

迈克继续投资自己有所了解的公司。在接下来的几年里，他收购了 10 家公司，在市场低迷的 15 个月里，他整个投资组合的股价涨幅超过了百分之百。

请谨慎对待潜在风险或不利因素。你喜欢的事，并不意味着投资它就一定会成功，因为我们这样做只是凭感情投资，而不是凭规律。因此，成功的关键在于要通过尽职调查提醒我们自己可能忽视的因素。

真正的繁荣

尽管并非所有人都想要实现繁荣，但大多数人都有这样的期待，然而怎么样才算繁荣呢？繁荣是否有明确的定义呢？是一大笔钱吗？还是一份退休计划？我认为，繁荣意味着得到满足，因为我们在履行自己的使命。这是一个很简单的道理。如果我们真正地获得满足感，那么我们就会富有，无论当时境遇如何。还得再次强调下，得到满足并非意味着总是快乐无忧，不快乐也是学习和成长的一部分。去从事一些具有挑战性的工作吧，你可以增长技能或者让你的想法实现，这个过程虽然并不总是带来快乐，但毕竟可以让你从事有意义的工作。人生起起伏伏，倘若你了解自己的使命和优势，成功便会水到渠成。

若衡量成功的主要标准是赚钱的数额，那请你记住，总有人赚得比你多。将金钱和成功画等号，或许会帮你赚更多的钱，但也会遏制你的成就感，消耗你的精力，让你感到空虚。与此种认知误区相反，成功源于个人的满足感、相互之间的联系和享受高品质生活的能力，而不是冰冷的数字。有的人家财万贯，却痛苦至极；有的人一贫如洗，也痛苦至极；也有人很富裕，深感幸福；还有一些人身无分文，过得也很快乐。为此，我们不应该专注于金钱，而要注重成就感，注重达成使命的满足感，了解自己的制胜法宝，实现使命。既然我们无法量化成就感，那么将未来的幸福建立在虚无缥缈的数字上，就显得有些荒谬了。倘若你首先关注自己，了解自己的优势和价值，并实现这种价值，你所需要的金钱自然会随之而来。

若想成功，你就要去寻觅真正能让你获得满足感的项目。寻找、发现并实现你的使命。当你赚钱的原因是要为他人创造价值时，成果自然随之而来。

第七章

误区四：长线发展

你是否听说过长线发展？这听起来很振奋人心吧？事实并非如此。长线发展，更像是一个宽慰自己的理由。既然你不想接到牙医或机械师的电话，说要制定长期目标，那你为何又想从退休规划师那里听到这样的话呢？

积累理论

积累理论是一种强调积累足够多的钱，以利息为生，但不触及本金的金融理论。常见的积累产品包括401(k)计划、个人退休账户（IRAs）[①] 和其他符合条件的计划，还有共同基金。在这一理论中，净资产是财富的最大指标。这个理论倾向于稀缺感，而践行这一理论的人，往往是那些节俭多年形成了稀缺心态，经常害怕失去存款的人。

---

① IRAs（Individual Retirement Account 的简称），即美国个人退休账户，它是一种推迟纳税的退休账户，允许个人每年留出一定的收入税递延的金额，直到59岁半或更晚再开始取款。——译者注

积累理论限制了财富，它要求人们相信这三点：

1. 赚钱需要本钱；
2. 高风险等于高回报；
3. 你得长期坚持下去。

积累理论的核心理念是，投资的金额加上要承担的风险，再加上你愿意等待的时间，这就汇成了未来财富的关键。当今混乱的经济形势下，积累理论的这三个原则都是有风险的。积累理论告诉我们，设定投资目标，然后别太把目标放在心上。尽早投资，并经常投资，这样就能长期获得复利。

另一种方法，是通过关注现金流来加速财富增长。

现在，积累比以往任何时候都更具风险性。科技引发并加速了变革。例如，现在规模更小、适应性更强的公司正在加快速度取代大型公司。而以上，将对指数和共同基金的整体回报产生消极影响，并导致之前运作稳定的公司和行业，破产率直线攀升。

退休规划师的建议一直是复利，这样 30 年后，你会得到一大笔储备金。但是，在今天的低利率情况下，储蓄资金的现金流大幅减少。用退休规划师提倡的固定收益工具（如债券、定期存单、货币市场账户、固定年金等）创造可预测的现金流，需要更多资金才能过上体面的生活。退休规划师不可能推荐去中心化金融（英文简称 DeFi；本书第十三章对此有详细介绍）

或其他选项，因为没有针对它们的补偿措施。基本上，你的资产中，哪些可以帮你创造现金流，而不损失本金或不必失眠焦虑呢？

误区：	**真相：**
把所有的钱都放在 401(k) 账户里，这样做一劳永逸。退休会让你消耗一切原本可以节省下来的费用，甚至可能更多。	不要让你的金钱止步不前，脱离你的掌控。要立即使用它，这样可以让你受益，不论是现在还是将来。

囤积物品

如果我们大量囤积物品，而不加以利用，就无法从这些物品中获得真正的价值。如果我们囤积的是金钱，它就会停滞不前，我们就阻碍了它为我们提供价值的机会。

有人认为他们要一直节衣缩食、省吃俭用、牺牲自我、拖来拖去，直到有一天，他们终于可以退休。他们相信，手里有了存款，就可以靠那点微薄的利息生活（大多数时候，这些利息都是要纳税的）。他们辛勤工作，艰难度日，过着自己并不真正热爱或享受的生活，只为有一天能实现这个所谓的“梦想”。与此同时，他们也容易受到利率、税收和通胀波动的影响，这些因素影响了他们的购买力。同样，当利率很低时，如同现在这样，长此以往，退休的人就会蒙受损失。而如果税收上涨，他们会损失更多。

由于“量化宽松”概念的引入，货币供应量增加了近40%，美联储通过稀释货币价值让货币贬值。在没有价值创造、劳动和交换的情况下，增发如此大量的货币，已经造成了通货膨胀，削弱了货币购买力。那些靠固定收入生活的人苦不堪言，迫不得已要做出艰难的选择。许多人迫于无奈动用储蓄，使用信用卡，或者干脆放弃物质享受。在许多情况下，它们甚至需要放弃某些生活必需品，仅仅为了能生存下来。

有些人相信生活中的资源是有限的，直到某天，他们终于得以随心生活，然而却发现，自己并没有过上别人口中描述的生活。因为这种生活方式需要的存款是一个动态目标，不受影响，不受控制。在得知各机构将支付多少利率，或政府拖欠多少税款时，我们见证了食物价格、水电费和其他生活成本的暴涨，“神圣信条”已被通货膨胀打乱，并遭到曝光和揭秘。

所以现在我们要回答的问题是：对此我们能做些什么？首先，你要从重新掌控自己的财务开始，并对自己的生活负责。

有人说要做预算，把收入的10%存起来。那10%本应存起来的钱现在用来购买比前几年价格还低10%的物品。做预算不是解决问题的办法，即便我们承担再多风险也无济于事。不幸的是，长线发展并没有像广而告之的那样奏效。

当我们逃避责任时，金钱就变得难以捉摸、令人困惑。在投资过程中，更像是运气在作祟。人们倾其一生打造了一种生活方式。我们一直期待退休日早早来到，因为我们最后已经精疲力竭，只为完成打造所谓的生活方式。但退休后，我们收获的却是漂泊不定，而非自由洒脱。同样，退休的人们也在担心，所有的付出和储蓄都无法兑现，因为利率是如此之低，而通胀却如此之高，税收增加的紧张感显然存在。

长线发展免除了人们在投资过程中应承担的责任。如果市场面临下行境地，我们就会认为还有很多时间。共同基金展示的山峰图显示了退休的回报，在过去几年呈指数增加。但如果市场形势发生变化，反而亏损了呢？这等同于在对未来生活或世界一无所知的情况下，把自己的生活交到华尔街和政府手里，试图预测 30 年后的未来。

相反，你们应该依照创造价值的准则生活，这一准则的副产品是收获更多的财富。你应该给你创造和传递价值的能力投资。首先，也是最重要的是，要一直给自己投资。你需要关注现金流如何增加，而不是如何攒 30 年钱。如果净资产不能创造现金流或维持退休后的生活方式，在一定程度上来说，它就毫无价值。

华尔街的承诺

为了追逐一个根本不存在的退休计划梦，人们感到疲惫至极、痛苦不堪，甚至愤怒不已。我们被迫为了更好的未来牺牲现在，为了更好的明天去做现在不喜欢的事情。努力工作，用时间换取金钱，选择一份满足感最低的职业或工作，这些都是无法处理自己的财务状况，而把自己留给华尔街承诺的主要原因。你身心俱疲，耗尽了精力，也荒废了时光。

倘若华尔街涉足的是其他行业，你会相信它吗？华尔街航空公司说："我们只需要平时 87% 的时间就能到达目的地。"华尔街医院说："这台手术成功了吗？嗯，这一切都属于华尔街，他们赚到了大钱。"人们在这种情况下通常不会相信华尔街，但不知何故，人们却认为华尔街是唯一的投资选择，就因为他们说服人们，金钱是一件复杂的事情，他们告诉我们：一般人可处理不好金钱，但他们可以。不过也请你读读华尔街的这些丑闻吧，高盛集团（Goldman Sachs）① 差点摧毁整个马来西亚，但没人因此坐牢。

如若我们被金融吓倒，就会觉得自己的选择很有限。如果我们只信任顾问，而不了解自己的投资，只是满怀期待而知之甚少，就必然会增加风险。

在退休计划的长线模式中，人们并不共同创造或合作。金融行业流行的一些行话会让大家明白该如何投资，期待并信任

① "华尔街之王"高盛集团由于深陷马来西亚的主权基金"一个马来西亚发展有限公司（1MDB）"的腐败丑闻，向全球监管机构支付 29 亿美元罚金，以免于被美国刑事定罪。——译者注

专业人士指导的最优方案。大家耳濡目染，并相信了这些专家："请保管好我的钱。我没有精力去做，但你不同，你是专家。"

这样一来，你就把一部分的自己交给了一份无法兑现的空头计划。你的理财规划师真的在进行交易组合投资，还是把它交给了另一位投资组合经理？你的理财顾问是否了解你的投资者基因？他知道如何在今天创造现金流吗？他知道如何在不做预算的情况下保持更可观的收入吗？

你的规划师还在沿用 90 年代互联网热潮时市场平均 10% 的回报率吗？你还记得当年的网络炸弹吗？如今还有多少这样的公司？很少。我们现在也处于类似的泡沫中，只不过是加密货币的泡沫。有大量炒作和巨额回报，但也会有严重损失。

在长期投资中，最危险的部分在于你给自己投资前就为退休计划准备资金。从长远来讲，因为金钱具有时间价值，所以你要尽早开始，否则你将为此付出代价。

现在，你花在自己身上的每一分钱，都在与你的退休生活和未来的净资产竞争。预算思维模式只聚焦未来资金，并以牺牲眼前的技能为代价。有些人一边为退休计划积累资金，一边为信用卡支付高达两位数的利率，或者把钱投入到收益低于利息的计划中。这种种表现，都源于长期发展的心态。社会大众一般会叫你墨守成规、小心翼翼，而这种心态与你的使命背道而驰。

我想强调一点：你是自己最大的资产。自己如何才能有所成长？何种技能能让你赚到更多的钱，更有成就感？怎么做才能带来更好的结果？是在退休金账户里多存一笔钱，还是治愈童年的创伤？哪种投资会收获更高的回报呢？是学习一项能在未来多年都能保证赚更多钱的技能，还是把钱存起来，直到 65 岁甚至更老再使用？

我对这个概念和话题十分热衷，并一直致力于帮助人们突破这个误区，于是我在 2008 年发起了一项名为“揭秘 401(k) 骗局”的挑战。我邀请了《杀死圣牛》的 100 位读者作为客户，进行一对一交流，并承诺他们将在我个人指导下实现投资回报翻倍。年底，我们会对他们退休计划中相同数额资金的回报进行比较。我向他们保证，倘若无法增加至少两倍的金额，我不仅会如数奉还本金，还会自掏腰包使他们从 401(k) 计划中获得的回报翻倍。这 100 位客户中，有 97 位在挑战过程中都与我进行合作。我们采用了节约税收的策略，调整了贷款结构，找寻更优惠利率，并重新设计了保险计划，把更多的钱纳入他们的口袋，结果远远超越了任何共同基金的表现。然后，我们拿出一部分存款，让他们增添相关领域的课程计划，学习新技能，比如演讲、写作、营销和管理，为自己投资。这使得每位参与者月平均增加 2 484 美元的现金流。五分之四的人都省了税务开支，平均每人省下 11 833 美元。其中有些人甚至创建了数字应用程序，向同领域的其他企业传授自己的做法。还有的客户开始雇用员工，虽然他们的选择不同，但都遵循了现金流加速公式。

大多数客户认为必须量入为出。我基本同意，但提出了一个全新视角："要着眼于在力所能及的范围内提高效率，所以最重要的就是提升能力。"

这并非适用于所有参与者，对于 97% 的人来说这是可行的，但对其余 3% 的参与者则不适用。他们其中的一个经我介绍后，投资房地产赔了钱。还有两个人在几次咨询后，我发现与他们交流困难，所以我把钱退还给了他们。想要成功奏效，就需要他们承担责任，采取行动，而且需要接受我的指导。

许多"揭秘 401(k) 骗局"挑战的参与者都在长线积累过程中亏损，菲利普·罗哈斯（Philip Rojas）就是其中之一。他发出这样的感言："随着近期股市下跌，我损失惨重，有些已成定局，还有些没有显现。股市金融顾问宣称他们已经减少了风险，损失情况不像基准指数显示出来的那么严重。但在股市上，亏损的状况随处可见，所有板块都在经历大幅下跌。不幸的是，直到付出了惨痛的代价后，我才发现，我在股市中投入的资金太多了。"

那些遵循我给出的建议的人有一些共同特征，那就是他们会缩小自己的关注范畴，给自己了解的项目投资。他们先扣除自己的日常开销，在不缩减开支的情况下，保留更多收入，并防止下行风险。他们夯实基础，降低风险，采用优秀团队，学会做尽职调查，不靠自己单打独斗，因为他们知道自己的决策可能受情绪左右（因为情商越高，财智越低）。有专人帮助他们了解潜在问题和隐性风险，这些是长线投资几乎无法解决的问题。当市场下跌时，长期投资就成了免除所有责任的借口。“别担心，你正在长线投资。”多好的借口啊，长线投资什么时候才能结束呢？

此外，那些参加“揭秘 401(k) 骗局”的人通过自己的业务发财致富，然后将其收入继续放进投资中。他们不会以牺牲职业生涯为代价进行投资，然而，他们会让这些投资最终有所回报。

市面上的投资建议并非总是值得听取，而且常常会令你陷入长线投资的误区。托尼·罗宾斯（Tony Robbins）是一位才华横溢的思想家和煽动家，他另辟蹊径，没有继续待在自己的专业领域内，创作了《钱：七步创造终身收入》。实际上，这本书类似于一封很长的推销信，我可以为你节省阅读这本 700 页大部头的时间，给你讲讲这本书。它就是告诉人们，如何掌握中产阶级的长期发展路线图，即通过更便宜的退休计划和指数基金减少开支，越早越好，然后与这些拥护罗宾斯的金融专家见面。[6]

谈到需要降低不良费用并衡量结果，对此我非常赞同。但如果你只是在攒钱，那你改善现状的空间会非常有限。罗宾斯本人甚至都不靠他说的这种长期模式赚钱，表示大多数投资都以失败告终。但是，你知道吗？绝大多数人的退休计划都不能让人们在65岁实现期望的经济独立。即使五分之四的投资人都失败了，这种可能性仍然比那本书里提倡的退休计划要好。

罗宾斯在书中采访了多位亿万富翁。他在采访先锋领航集团（Vanguard Group）[①]的创始人时问道："人们是如何致富的？"他给出的答案是投资指数基金。但是你可知道，他之所以富有，是因为其他人投资了他的指数基金，但他自己并没有把钱都投资在一个指数基金上。罗宾斯向嘉信理财创始人查尔斯·施瓦布（Charles Schwab）咨询，施瓦布建议他设立一个折扣经纪账户。施瓦布从出售折扣经纪账户中获益颇丰，但他并非由于投资这些账户而成为亿万富翁。

名人投资顾问也是一样。苏西·欧曼（Suze Orman）[②]曾被曝光她在股市的投资很少（约占她总投资的5%），但她却建议人们要在股市里大量投资。戴夫·拉姆齐（Dave Ramsey）[③]不是靠做预算和投资股市赚钱的，而是依靠他非凡的经商头脑。以上这些顾问把钱投在他们了解和理解的事情上，通常也是他们拥有和把控的业务上。

如果你确实读过罗宾斯的书，请你关注瑞·达利欧（Ray

---

① 先锋领航集团，于1975年由约翰·鲍格尔（John Bogle）创立，经过40余年发展，已经成为全球最大的基金管理公司之一。——译者注

② 苏西·欧曼，全球第一理财师，"影响美国股民的金融五大鳄"之一。——译者注

③ 戴夫·拉姆齐，著名广播节目《拉姆齐秀》（*The Ramsey Show*）的主持人和《改变你一生的理财习惯》一书的作者。——译者注

Dalio）这个人，因为他是世界上最好的投资者之一。他谈到，要教会自己在创造丰厚回报的同时理解和降低风险。罗宾斯书中的另一位亿万富翁也给出了绝妙的建议：《股市荣枯及厄运报告》的作者兼出版人马克·麦嘉华博士（Dr. Marc Farber）讲述了一个与他自己的赚钱方式一致的故事。他说要想创业，你首先要找到自己的技能，并向市场尽可能地展示出你的这些技能。[7]

与其资助别人的事业或梦想，不如给自己投资。大多数长线投资只会帮助别人的事业，助力别人实现梦想。但是，你的生活过得怎么样呢？你的梦想实现了吗？你的投资者基因发挥作用了吗？

我们不一定要在开始创业时才能从这条建议中受益。我们要有企业家精神，想办法为公司赢利，发挥自己的潜能。如果你只是用时间换金钱，领着没有上升空间的薪水，把钱放进退休计划中，那会变得难以施展自己的潜能，无法获得可以创造价值的回报。

有的放矢的投资，即“尽早、经常、始终操控投资”，与自动投资，即“设定目标、一劳永逸”之间存在巨大差异。最富有的那群人会自动存钱，耐心等待，然后在正确的时间进行有的放矢的投资。2019 年，世界上最富有群体平均有 39% 的投资组合转向现金，因为他们在等待机会。[8] 马尔科姆·格拉德威尔（Malcolm Gladwell）在《纽约客》（*The New Yorker*）杂志上写了一篇关于泰德·特纳（Ted Turner）的文章。他指出，特纳投资策略的其中一个特点，就是等待，等到经济不景气的时候再采取行动。当人们手头拮据时，他购买土地和企业，伺机而动，等待时机，并保持资产的流动性。如此一来，当机会出现时，他就可以变卖资产，大赚一笔。[9]

另设长线目标：教育

许多人把投资自己，等同于接受正规教育。他们把自己的身份投射在一个等级制度中，这让人们相信，学历越高就越聪明。在某种程度上，人们将在校时间与社会价值画等号，这种观念让许多没有大学学位或高中辍学的人处于劣势地位。

我们生活在一个重视理论教育而非实践教育的世界。我们把生活交给那些有学位的人，因为我们认为他们是专家。但是，倘若这些专家所处的体系并不完善或方法有限，再或者学习内容陈旧过时或毫无用处，甚至更加糟糕，他们可能只是在兜售企业运行计划，那我们该怎么办呢？回顾 20 世纪 50 年代，或者再晚点，当时很多医生都宣称吸烟对健康有好处；我上学的时候，拥有各种学位和头衔的护士和营养学家向人们讲解遵循食物金字塔进食的优点。事实果真如此吗？

在某种程度上，人们早已戳穿了学历等同于社会价值的假象。制药公司把医生奴化为客户服务代表。倘若医生开的药不够多，他们的奖金就会减少，或者一些制药代表就会责骂他们，告诉他们别想舒舒服服地出门旅行了。

我们需要颠覆这些过时的体系，因为我们现在仍在从旧体系中找寻答案，而没有从自己的内心找寻答案。要不然这样下去，是不会带来繁荣或者美好生活的。我们花时间做喜欢做的事情仅仅因为喜欢而已，而不是为了赚钱或再获得一个学位。

这些学位有价值吗？肯定有一定价值。但是，它们有人们描述的那么有价值吗？绝对不是。在一张纸上找自己的价值，和在某个重要时刻受到支持是截然不同的两件事。你和别人在一起时，你观察过他们吗？你听到他们说的话了吗？你支持他们吗？我们需要停止庸庸碌碌，应该观察眼前的一切，我们其实都有这种辨别能力。

如果你认为自己永远都不可能成为金钱方面的专家，事实可能果真如此。从本人来看，虽然我将近 25 年的时间都花在了金融行业工作上，但是我对税法、遗产规划、税收留置权、衍生品等一窍不通。与其依赖专家，不如利用他们。首先你要意识到自己的投资者基因，要了解自己的价值观和能力，清楚自己最感兴趣的领域是什么，或你的驱使动力来自哪里。大多数退休规划师更擅长销售，而不是预测市场发展。大部分在金融机构工作的人，都在推销对该机构最有利的项目，但这些项目不一定是对我们最有利的。

我们不必事事都是专家，也不必把钱交给所谓的“专家”，因为你对相信他们的真实价值和相关后果一无所知。请你思考一下：你最擅长的是什么？你想学什么？通过提升什么价值，最能帮你提升赚钱的能力？你要从让你的收入最大化开始，然后专注于效率，让自己拥有可观的收入。通过节省税收、贷款利息和不良投资的费用来堵住你的财务漏洞，合理设计保险，以减少承保金额，然后想办法创造现金流。你不需要等上 30 年才知道以上办法是否奏效，因为我有更切实可行的检验办法。

为自己投资

我极力主张为自己投资，而不是把钱交给一些所谓的“专家”。他们是专家还是中间商？你知道这些投资公司的董事会发生了什么吗？或者，他们只是简单地引用了过去 30 年发生过的事情，然后告知可能会发生同样的事情？

有些人说：“就买先锋基金吧，它费用低，一定会带来最多的回报。”你也许不再相信这些公司指数的真实性，因为这些数字不能体现公司的经营状况。

你可能不希望这些公司成功，但如果你把钱投给它们，你就会在不经意间支持了他们。

正如我所提到的，我已经自主退出了通过股票市场为公司融资的体制。具体情况如下：首先，公司要对股东负有受托责任，这意味着，如果你是一家上市公司的首席执行官，你必须按照股东的最佳利益行事，但你对员工或客户是没有受托责任的。此外，你还要承受经济增长的压力。我宁愿投资自己的股票，给自己投资——比如撰写本书，建立自己的业务，学习如何提升价值，接触更多的人。我投资的是知识产权，而不是上市公司。这是我的方法，那么你有什么投资方法呢？什么投资对你来说是有意义的？怎样才能最大限度地增加现金流？是先还清贷款，还是先聘请一位咨询师，你觉得哪个对你更有意义呢？

积累更多未必是好事

对我来说，最好的投资之一，始终都是发展各项业务和扩大收入。使用“规模”这个词时，大多数人想到的是扩大规模。但你可能有时也会想要缩小规模，因为扩大规模可能意味着失去业务最初所代表的价值；也可能会变得过于进取，业务的发展超出了自己的能力范围，或者无法掌控自己的生活和时间。2010 年，由于我的金融公司发展过快，导致我与客户的关系不再那么密切。虽然收入更多了，但联络更少了，我的压力与日俱增。

短短三年内，与我经营的公司“财富工厂”一起合作的一家建筑公司，收入从 4 000 万美元增加到 1 亿美元，在此之后，他们聘用了我们做咨询。这家公司负责人的生活并没有随着收入增长而改善（这就是他找到我们的原因）。这听起来令人费解，到底为什么呢？在问几个问题后，答案浮出了水面。

“你现在和家人在一起的时间比之前多还是少？”

“更少。”

“你拿回家的钱比 3 年前多还是少？”

“更少，因为现在有更多的客户投诉，截止日期和项目问题也更多，这超出了我们的能力范畴。”

“好的，你可以告诉别人，自己的收入是 1 亿美元，这对世界来说都很了不起。但你的内心无法平静，因为你没有建立规则。在收入增长的同时，承包商无法履行对业主的承诺，而你必须取代他们或介入其中，这就占用了本该属于你和家人共度的时间。当你和家人在一起的时候，你多久打一通电话？”

“我一直都在打电话。”

“好，你获得了 1 亿美元的利润，但那与你真正想要的生活判若天渊。你以为，那样的收入就意味着可以过上更好的生活，但现实与你的期望背道而驰。”

有时候，缩小规模对我们是最有利的。我们可能需要重估自己，暂歇两脚，也可能无利可图——但这些都是暂时的。当你停工时，谁会得到好处？对财务顾问或咨询师来说，这的确不是好事，但对我们来说，亲近自然、培养爱好却是无价之宝，也是对自己的投资。当人们把时间花在自己身上的时候，就不需要佣金了。

价值投资

接下来我们要谈的是价值投资。因为投资了那些长期创造价值的公司和股票，巴菲特经常受到赞赏。有时我们会听说他的公司伯克希尔·哈撒韦（Berkshire Hathaway）收购了一家公司，又让它原封不动地继续运作。问题来了，如果东西没坏，为什么还要修一修呢？

但事物总有反面。例如，我的一个家庭成员是伯克希尔收购的太平洋公司（Pacific Corp）的副总裁，他在那里工作了40余年后，厌倦了原有工作，被迫退休了。他这么做，是因为公司基于“吐故纳新，永葆活力”的经营理念。股价上涨是因为公司降低了开支，但公司要求员工以同等的工资和更少的福利完成双倍工作量，这些员工10年后才能领取养老金。所以他们说：“我不想失去养老金。我会做任何事”，甚至不惜牺牲人性。我信任自由市场，但也看到财富差距，中产阶级在通货膨胀的情况下更难以维持生计，也更是没有得到任何补偿。

这就是我选择退出这场持久战的原因。自2001年以来，我没有在股市里投过一分钱，但我对现在自己的回报很满意。有些人希望简单些，把钱交给别人，从此一劳永逸，但这种方式在生活中的其他方面行得通吗？你的健康可以吗？行不通的。人们不能把自己的生活委托给别人，因为当你把钱委托给华尔街和银行，他们使用的系统可不是长期存款系统。他们想用你的资金赚钱，想创造现金流。那谁来承担这个风险呢？当然是你了！

仔细想想，每个城市的银行都是最高耸的建筑物。他们提供什么产品了？是钱，是你的钱，而不是他们的钱，是储户们的白花花的银子。如果银行出现亏损，会发生什么呢？联邦存款保险公司会介入，用储户缴纳的税款来救助银行。人们反而要用自己的钱来偿还亏空。

若我们把钱存入储蓄账户，那么银行会支付 1% 的利息。然而一转身，储户就会发现自己要以 4% 的利率才能获得抵押贷款。如果以 1 美元的价格买进，以 4 美元的价格卖出，那就是 400% 的加价。他们以 1 美元的价格租用了储户们的资金，然后以 4 美元的价格出售，银行得到了 400% 的回报。

我曾经见过存款利率是 0.25%，抵押贷款利率却是 3% 的情况。这就好比买了一套房子，每月只需支付 250 美元还贷，但可以每月以 3 000 美元价格出租。你能否想象房地产行业出现的这种现金流？你每月支付 250 美元，收益 3 000 美元，所以你每月的利润会是 2 750 美元，这就是银行作为中介所获得的丰厚回报。

人们都是按银行的规则行事，赚得却比他们少很多。银行让人们深信，如果长期存款，我们就会有美好的退休生活。其实，他们的目标是现金流。

我们以为金融游戏会为自己服务，然而我们却落入了被暗中操纵的陷阱。这个游戏是在为银行和华尔街工作，他们制定了规则，形成了自己的制胜法宝，而投资人却得不到保障。

这就是我们认为赚钱需要本钱的问题所在。众所周知，金钱是价值的副产品，也是聪明才智的副产品，是在这个世界上做事情并获得相应报酬的副产品。你能找到比这更有价值的活动，来解决更复杂的问题，服务更多的人，产生更深远的影响吗？这就是金融游戏。

这可能意味着，你赚的钱变少了，因为你制定的目标不是让你成为亿万富翁或百万富翁，对此你会感到开心吗？只要你不攀比，你就会快乐。攀比是快乐的窃贼，竞争是稀缺的温床。稀缺是一个非此即彼的游戏：别人得到了某件东西，就意味着我自己得到的东西变少了。

当我们落入金融陷阱时，我们会强烈要求政府介入，但政府却拯救不了我们，不论他们怎么努力。因为，繁荣需要目标，也需要用心耕耘。这需要我们创造自己的制胜法宝，建立自己的比赛规则，即使因受到高回报诱惑而偏离轨道也要这样做。

我遇到过一些人，他们通过加密货币获得了数千万甚至上亿的财富，尽管其中并没有真正的商业模式。这更像中了彩票，而不是拥有了真正的技能，他们理所应当地认为这就是自己的能力。我们会嫉妒，或者怨天尤人，觉得全世界都辜负了自己，这样想其实你就误入歧途了。我们确实要追求回报，但只有当我们放下攀比的心态时，快乐才会在实现自己的目标后浮现出来。

房地产行业的长线发展

我们总是寄希望于实则最糟糕的房地产投资，期待它长期升值。我们自认为“市场价会上涨的，还是保留这处房产吧，过后再以更高的价格卖出即可”。不过，市场情况往往瞬息万变。如果现在的利率是上升的，房价就很容易下降，更多的情况是，我们买房得根据市场价格付款而不是房子的实际价值。房地产泡沫来自廉价和易到手的资金，低成交价或低利率会产生泡沫。由于供应有限加上低利率，目前情况非常特殊。但随着经济的变化，情况随时可能会发生变化，特别是在借贷困难重重的情况下。

泡沫本身就可以为投资者创造机会。有时对大多数人来说，买一套新房实在是太过昂贵，南加州出现过这种情况。2007 年，那里只有不到 9% 的人能付得起抵押贷款。在这种情况下，某些住宅的租金就会上涨，因此人们可以从公寓开发中获利。

另一个例子是在 2008 年，迈阿密的公寓转手十分困难，因为只有投资者和想要第二套房的人才会购买公寓。实际上，大部分买家并不打算住在那里，潜在的居民也寥寥无几。

我们必须了解基本的供求关系，以及所研究产品的实际价值。为何这个会升值？为何那个价值很高？对哪些人有价值？该价值能持续多久？

价值主张

价值主张明确地界定了该如何通过具体行动来进行投资、提出商业提案等，这些行动可以为他人创造价值。我们应该非常清晰、简洁地倡导正确的价值并加以表述，阐释价值是如何创造并维持的。

在房地产领域，我的原则是倾向于边买入边赚钱。你要确保自己从第一天起就有现金流。又或者，你应该马上改善这处房产的某些方面，使其附加价值超过当初支付的价格，或者可以从一个急需用钱的房主那里买入。我曾经和一些房地产投资者合作过，当时整体合作的策略就是：写信去寻找那些生活艰难或负债过多的人。因为手里持有现金，房地产投资者们可以帮助房主迅速变现。最终，房主可能会以低于再装修后的价格出售，何况房主自己也没有时间、金钱，或者（很可能）没有专业知识，他们还可能承受着巨大的压力。

投资者可以通过这种方式赚很多钱，但他们也给卖家带来了价值，而卖家则必须把房产还给银行。

假若房产有些现金流为负，你有没有想过能创造现金流的其他方法？爱彼迎的策略如何呢？这会花费更多的时间和精力，但你可能可以利用爱彼迎创造现金流。或者你想过用卖方融资的方式出售房产吗？

倘使涉足房地产，你就要选一条平坦的路，先别忙着做决定——你可做一些商业地产、独户房产或翻新房产。先在一个领域集中精力，一旦有了利润，你就可以在其他领域游刃有余了。

并非所有的房地产都是相同的，它们有各种各样的策略，我们很难在所有的策略上都做得出色。首先，你加入一个可向别人学习的团队，花点钱进修学习一下，提升自己之后，然后不妨问问自己：我真的想把时间花在这里面吗？我天生就是当房东的料吗？

在我当房东的时候，我发现有些房客偷铜线，还有一些人从来不付房租，因为他们了解可以免费住宿几个月的规定。在某些州，驱逐租户几乎是不可能的（尽管其他州对房东更友善）。

我们必须对自己所从事的项目了如指掌。有些人在房地产上日进斗金，但同时也有很多人倾家荡产，因为后者并非主动出击、全心参与。这些人没有充分的知识储备，仅仅听说朋友在房地产行业发家致富，或者听人说现在正是进入这个行业的好时机。

尽管许多专家说，必须从事房地产行业才能致富，但我对大多数房地产行业都不感兴趣。我选择投资了一个自己非常熟悉的特定开发项目——自己小屋附近的几处房产。这些房子依河而建，周围没有太多空地可以续建新房，所以可供出售的房子数量不多。这个地方我很熟悉，也在我给自己定下的规则的范围内。

你要谨慎地投资房地产。我相信，人们一定看过很多电视广告，广告说人们可以通过修缮和倒卖房产，赚得盆满钵满，甚至可以毫无后顾之忧地当房东，把一切都交给管理公司来处理。但是，告知你这些信息的人是靠房地产赚钱的，还是靠卖房获利的呢？

房地产被三番五次地过度炒作。假如你不愿意花时间和金钱来提升自己并支付会费，或者你在交易中拒绝的次数比接受的多，那么你就会处于危险境地。众多投资房地产的人并不属于房地产行业，因为他们以为这是一项兼职活动，或者说是一种被动活动。然而事实上，他们是在与那些具备房地产投资者基因的人竞争。

倘若对房地产知之甚少，那么对你来说，房地产就是糟糕的投资。然而更糟糕的是，假如你暂时赚到了钱，以为自己比实际情况更有能力，就容易受到过度扩张和杠杆化的影响，并有可能遭受 2000 年和 2008 年那样的市场突变风险。这就如同每周在自己家车道上练习几次投篮，就以为可以参加美国职业篮球联赛（NBA）一样。如果几名职业球员来到你家，同你参加一场比赛，你肯定会被虐得体无完肤。

有时，人们仅体会过一次“胜利”，就误认为自己成了专家。这就像在拉斯维加斯玩扑克，你或许很了解这场比赛，但对于你正在和世界扑克冠军同桌竞技的事实全然不知。冠军会使你建立起虚假的信心，直到你酒兴高至，桌上堆满了筹码。他们要夺走你桌上的筹码，然后你只能带着自己如何输钱的经验灰溜溜地回家。

再次强调下，这些钱不算亏损，只是在你缴了“无知税”后被转移给了别人。许多不了解自己投资者基因的人，或许也支付了异常高昂的学费。他们以最惨烈的方式受到了教育，误认为房地产似乎比看起来容易，并把幸运与美好混为一谈。

关注现金流

假如不确定该投资何处，那你就从偿还低效贷款和改善现金流开始吧。你要通过存钱来储备现金，否则钱也会被用来支付贷款。等攒到足够的钱，你就可以利用与使命相契合的机会，给自己投资一场。

你需要想办法转移风险，避免下行风险。其中一种方式就是购买保险，但前提是该保险要符合你自己的利益（详见本书第十一章）。也许你有重复的保险或费用，你首先需要关注效率，并收回成本。你得堵住漏洞，把钱放进自己的口袋。你要么学习，要么就得雇用可以教你的人。在把钱放入退休计划之前，你得先找到属于自己的钱。退休计划直到你快 60 岁时才会解锁，在这之前不会产生现金流，而且费用高昂，还包括前端费用。

你要提升自己的财务能力，创造经常性收入或现金流。你要通过储蓄来建立自己的基础，发掘自身潜力，把钱花在自己身上，花在教育上，花在学习最重要的技能上。如果你还清了贷款，你可以用多出的现金价值保险来存钱（详见本书第十一章），并且不给其他任何项目投资。如此一来，你就能超越 95% 的美国人了。

你生而伟大

攻破常见的误区堡垒最好的方法之一便是设定比想象中更宏大的目标。我们必须重新建立远大的梦想和理想，就如同小时候那样，必须在自己有潜力的领域内花时间，然后更加努力地缩小愿景和现实之间的差距。我们内心都清楚，人们生来要做的不仅仅是攒够 100 万美元、然后在毫无建树的 30 年职业生涯后退休。

用作家玛丽安娜·威廉森（Marianne Williamson）的话来说："我们最大的恐惧不是来自能力不足，而是我们强大得无法丈量。我们不妨扪心自问，'我难道是一个绝顶聪明、才华横溢、令人刮目相看的人吗？事实上，我有什么理由不是呢？'人生难得一搏！当我们从自己的恐惧中解放出来时，我们的存在也会顺带解放他人。"[10]

长线发展误区的根源，在于把我们的潜能交给了别人——

比如所谓的华尔街大亨、大师、银行、冒牌专家。记住，不要让他们决定你的生活、价值和未来。

塞缪尔·布彻（Samuel J. Butcher）是宝贝时光家族公司（Precious Moments Family）的主席，是“生命之书”（Lifebook）视频课程的创始人，也是我的一位私人客户。我想和大家分享一下他的经历，因为他从不同角度来思考长线发展和其他误区，颠覆了我自己曾信以为真的“神圣信条”，成就更好的自己。

他说：“加勒特·甘德森教给我一个鲜为人知的原则，它彻底改变了我的职业生涯和财务状况。你只需要回答这个简单问题，就能体现这个原则：我最重要的资产是什么？是公司的股票、房地产和证券，还是养老保险账户 401(k) 在银行的现金？统统都不是。我最重要的资产是我自己，是我的经验、知识、才能、性格和人际交往能力，是我为他人创造价值和为自己创造繁荣的独特能力。”

“认清自己才是最重要的资本，这是改变游戏规则的关键。它意味着我最重要的投资项目就是自己。在做投资或财务决策时，我最信赖的专家就是我自己。这似乎听起来简单明了（因为确实如此），但却能彻底改变我们的财务生活。我明白，因为这个原则，我的生活改变了。往深里讲，就是研究自己，深刻理解自己，然后应用到生活中，看看会发生什么。”

记住，你是自己最重要的资产。

你要投资给你最宝贵的资产：你自己。

第八章

误区五：
省下就是赚到

你有没有注意到一个误区是如何演变成另一个误区的？人们相信馅饼是有限的，误以为金钱也是有限的，这就加深了“金钱即权力”的信念。如果仅有这么多钱可以分配，那么拥有金钱就相当于拥有权力。人们认为那些有权力的人（银行、华尔街、权威人士）一定不是信口雌黄，所以追随这些权力，推卸责任，相信长线发展。这个误区引导人们攒下每一分钱，以便可以在“神话般的未来”投更多钱，虽然这个“未来”永远不会实现。

误区：	**真相：**
价格比什么都重要。能省则省——当然，如果碰到划算的交易，可另当别论！	与价值相比，价格是一个小问题。从长远看，重点关注价值，你会赚更多钱，省更多钱。

所有金钱误区都与一个核心误区有关：稀缺性。这体现在“省下就是赚到”的普世信念中。当我们专注于节省每一分钱时，价格就成为主要关注点，而不是价值。实际上，在购买和投资中，价值远比价格重要得多。但如果我们不重视自己，不提升自己的技能，不花时间去发掘自己的投资者基因，我们就会限制自己创造和积累财富的能力。

关注价值

自《杀死圣牛》出版以来，我收到了许多读者的来信。他们表达了自己对储蓄和消费的看法。一位名叫汤姆·马丁（Tom Martin）的读者在信中说，“书中谈到的对金钱和生活的看法，真是醍醐灌顶。多年来，我每天早上开车经过咖啡店的时候都在想，这 1.25 美元花得不值，我得像经济大萧条时期的父母那样生活：多囤积，少消费。”

汤姆改变了对稀缺性和相关误区的看法，他的收入就比前一年同期增加了 5 倍，即使是在 70 年来最糟糕的市场环境下。

“在财务决策中，价格应该是最重要的考量因素。”这种观念对我们的影响远不止清晨的一杯咖啡，而是一个灾难性的误区，它限制了我们的潜力，使我们远离自己的使命。此外，我们一旦蒙受这种信念的迷惑，也会连带他人偏离他们的使命。当我们过分关注价格时，我们会产生一种自己动手的心态，从而忽略了利用他人能力的可能性。只关注价格，忽视质量和价值，消费就会走向停滞和平庸，人们无法看到更多可能性。它会引发破坏性的省钱和消费形式。甚至，价格还会支配我们的决定和生活质量。最终，它限制了我们认为自己有价值的能力。

我们可以通过挖掘自己的人生价值跳出价格的局限，更多地关注价值而不是价格，认识并利用价格和成本之间的差异（经济影响），用购买策略来创造我们想要生活的世界，避免陷入误区。

人类的生命价值是我们繁荣昌盛的基础，我们是自己最大的财富。我们的物质资源和金钱是繁荣的硕果，而非根基。根深蒂固，枝繁叶茂，才会结出累累硕果。

人生价值

人生价值集人的知识、技能和能力于一体——除去外在物质资源后，一个人所具备的一切，包括人的性格和正直，独特的创新思维能力，人际关系，信仰或者一个人不具备的一切。它是你的知识和以新颖的方式创造物质财富和信息的能力，这些物质和信息对你和他人有重要价值并为你们所用。

预算：神圣信条

为了省下更多的钱，我们会做预算，但做预算并不是十分有效的方式，反而成为“省下就是赚到”的心态下滋生的另一个“神圣信条”。有些人读到这里可能激动不已，有些人则认为毫无道理，请听我娓娓道来。在玛莎·C.怀特（Martha C. White）为《时代周刊》杂志撰写的文章《美国人无法完成的一项任务》中[11]，她展示了一些有关预算的统计数据，她认为预算犹如节食。许多节食者体重反而增加了，因为他们每天不断地限制和约束自己，错过很多事情，压力很大，左右为难，非常沮丧。最终，一旦他们某天心态崩溃，节食计划也就付诸东流了。我也有过类似的经历，当我节食的时候，我的体重起伏不定，总是纠结该吃什么。自从我停止节食，我反而瘦了下来，心情也更加愉悦了。

节食源于稀缺思维，做预算也是。解决办法是设立一个单独的银行账户，这种账户被称为财富捕获账户，它可以是支票账户、储蓄账户或货币市场账户。你目前有一个个人账户或企业账户，每次存钱时，你都希望这笔钱能自动转入财富捕获账户，就可以先为你自己的支出买单。这并不是新鲜事，这一观点可以追溯到20世纪20年代乔治·S.克拉森（George S. Clason）的著作《巴比伦最富有的人》[12]。先满足自己，以己为先。

你可能很熟悉帕金森定律，该定律指出：只要还有时间，工作就会不断扩展，直到用完所有时间。这条定律也适用于金钱。开支也会扩大到用完所有可用的钱。经常会出现这种情况，当有人加薪时，因为没有计划好如何花额外的钱，支出会在3~6个月内达到或超过加薪。这似乎是做预算的一个好理由，但预算会造成稀缺性，限制生产和价值。如果你想用增加的收入来增加财富，在你支付其他费用前先满足自己，以己为先。

先为自己投资，设立一个安心基金，这样至少有足够的流动资金或储蓄来应对6个月的开销。最好是存够9~12个月的钱，甚至足够用两年的钱，但不要为此给自己施加压力。

当你存够至少6个月的费用时，你就可以考虑用这些钱投资或偿还贷款。你需要做的就是，每次该存钱时自主存下这笔钱，然后按照自己的习惯，每周或每两周存一次，核对并确保支出没有超过收入。

四类支出

虽然预算不是增加财富的有效方法，但确实有助于核对支出情况，并验证支出是否合理。大多数人对待全部支出一视同仁。若出现资金短缺，他们就开始错误地削减一些项目。与其做预算，不如先满足自己，然后再分类支出；有些支出可以增加，有些可以削减。

支出削减有四种类型。第一种是破坏性支出：借钱消费。比如，有的大学生看到可爱女孩免费赠送 T 恤，条件是办理一张收取 29% 利息的信用卡。他办完信用卡，把钱花在他不需要的东西上，现在信用卡透支了。另一种破坏性支出是：通过借贷来填补缺口。例如，你虽然没有钱去旅行，但还是去了。回来后，你虽然收获了旅行回忆，但与此同时也“收获”了银行贷款，让你倍感压力。所以，请剔除破坏性开支。

第二种是生活费用支出。生活费用支出是正常生活的一部分，付现金即可，不要借钱消费。

第三种是保护性支出：资产保护、遗产规划、保险、积累流动性和教育。

超级富豪和中产阶级的区别就在于对保护性支出的理解不同。超级富豪深谙如何管理和降低风险。然而，大多数中产阶级人士却认为只有冒险才能获得回报，殊不知，这是一个弥天大谎。“高风险等于高回报”的观念毫无道理。为何增加失败机率会帮你获利呢？（详见本书第十章）

要降低风险，就必须转移风险，了解投资的运作方式。你的一部分保护性支出是用在接受教育上的。学习成为更好的投资者吧，了解你的投资者基因，只投资自己了解的项目。我重申一下：风险不在于投资本身，而在投资者身上。如果你投资于自己毫不了解的项目，就必然会增加风险。如果你没有退出策略，对投资在市场上创造的价值全无所闻，那就是投机。要为自己投资，建立一个了解和管理风险的流程，让自己成为一名更优秀的投资者。

银行会降低风险。如果不这样做，他们就会赔钱。早在21世纪初，银行就提供了诸如固定收益贷款之类的服务：人们不必真的赚到钱，只要和别人说赚了钱就行。银行不再进行风险管理，于是发生了大规模内爆。银行曾认为市场时机一直很好，而且会越来越好。

第四种是生产性支出。你花1美元买东西，就会产生2美元收入。这些费用不需要做预算。相反，只要这个策略持续有效，而且你有支出能力，就可以继续投入资金。

2010年，我为公司聘请了一位董事，承诺他的薪水为他所提数额的一半，并说，“这是一半薪水，另一半得靠你自己寻找了。“他之所以能够做到这一点，是因为他善于发现低效之处并提高利润率，而且他在6个月内就完成了此任务。这是一笔成效显著的支出，雇用他为我节省了大量时间，我从工作日程上划掉了一些可以信任他去做以及我不太擅长的事情，随后我投身于更有成效的事项。2010年我们收获颇丰。

优秀的员工是一种生产性支出，营销可能是一项生产性支出，经验、客户服务和支持也可能是生产性支出。

《杀死圣牛》就是一项生产性支出。我之前从未写过书，先雇了一位写作教练，并投资组建了一个编辑和研究人员团队。我在《纽约时报》和《华尔街日报》上刊登了整版广告，雇了一位图书推广人员。我找到了出版商，这个项目成本很高，但我赚的钱比投资的要多。

就个人而言，生产性支出也可以是保持健康或花时间与家人在一起。只要能创造比投入更多的现金或现金流，任何事情都可以成为生产性支出。

存入 18%

我建议你把收入的 18% 存起来。18% 这个数字是有据可循的，细分如下：3% 是通货膨胀率（这仍然很低，因为目前的通货膨胀率要高得多，但这在下面的百分比中有所体现），这 3% 作为潜在增税。

还有 3% 用于计划性报废。东西损坏，必须更换。再加上 3% 的技术革新：人们常常购买 10 年前或 20 年前不存在的物品，这种趋势将以更快的速度继续发展。

另外 3% 是消费倾向，这意味着奢侈品一旦享受，就成为必需品。当你享用更优质的东西时，你的品味就会提升。我以前觉得时时乐（Sizzler）牛排的饭菜不错。我是在廉价的汽车旅馆里长大的，一旦住进豪华精品酒店，就再也回不去了。

最后 3% 是我最喜欢的。我建议你再建一个账户，并将其称为生活富裕账户：如果你在财富捕获账户中存了 15%，只需为生活富裕账户再存 3%。这个账户是用来毫无负罪感地花钱的——犒劳自己。想一想自己在财务上的正确决定，由此可以把这笔钱花在想要的东西上。

生活富裕账户提醒你，你正在把钱花在正确的事情上。你不必为一顿美味的晚餐或一瓶好酒，或任何提升生活质量的消费而感到内疚。在“省下就是赚到”的心态下，关注生活质量就变成了挑战。在这种心态设定的场景中，人们过分强调在银行存钱，而不是投资于创造收入的能力。

很多人在想，怎样才能节省这 18% 呢？这是一个可观的数字。随着通货膨胀的加剧，可能很难留出这部分收入。若是你勉强维持生计，怎么可能有更多的现金来储蓄呢？你应该注重提升效率，而不是限制自己的生活方式（在下一章中，我将分享对效率的四点看法）。首先你要审视你的破坏性开支，削减这些开支。然后想方设法增加你的收入，多管齐下，专注于进步胜过追求完美。随着时间的推移，你就会收获更多的钱。

第九章

误区六：高风险等于高回报

说到投资，如若抛开投资者基因和管理水平不谈，那无异于赌博。“高风险等于高回报”正是这种心态导致的一大误区——这是赌博之道，而非投资之道。

投资时，要确保投资方向与投资者的爱好、知识和能力相匹配，这才是风险最低的最佳投资。

误区：	**真相：**
风险较小的投资往往回报低。高回报来自高风险投资。	与投资者基因和使命相匹配的投资，风险更低且回报更高。

风险越低，回报越高

当我们深信“高风险等于高回报”的错误论断，并将其加以指导实践时，我们便无法得到可持续性回报，潜能会受到抑制，实现使命的过程也会因此受阻。这将导致我们在面对投资决策时，推卸责任，让生活充满无谓的恐惧和担忧，以此妨碍我们进行有效思考。而且，这一误区违背了事实：投资结果的决定因素是投资者，而非特定的产品。它会误导我们偏离投资的轨道，逐步走向"赌博"，诱使人们随波逐流、盲目从众，人们无法敏锐地意识到自己已错失机会成本。

机会成本

此处指投资者为进行某项投资而放弃将这笔资金另作他用的成本。例如，如果投资者在投资中损失了1万元，则本次投资的成本为1万元。机会成本是这笔钱本可以用于其他投资的收益。

在某种程度上，如果我们能做到控制投资、降低风险，我们便能更加富有。风险越低，回报越高，长期投资的可持续性就越强。

富人的策略

富人擅长进行风险管理。因此，他们即使不名一文也能运筹帷幄。资产保护便是其渠道之一，让富人实现以下目标：即使所拥有的屈指可数，但是实现目标依然易如反掌。

国内资产保护信托（DAPT）是富人进行财富管理的途径之一。信托会载明资产的所有权和受益人。委托人并不拥有这些财产，所有权归信托持有。委托人会指定一名受托人向其报告分配情况，从而实现在保护资产的同时，仍可使用资金。

国内资产保护信托的作用，在于既能阻止债权人获得信托资产，又允许委托人使用该笔资产。洛克菲勒家族便是使用信托方式的典型代表。资产保护之盾庇护着这个家族，因此其真正拥有的财产数额至今成谜。

洛克菲勒家族为保护家族传承所做的还不止于此。他们甚至拥有专属财务团队，其成员都是专业金融人士，他们为这个家族齐心协力进行全方位合作，有效降低了风险。这些专业人士并非采取投机行为，他们青睐的不是那些高风险的投资领域，而是那些可以快速产生效益，且风险极低甚至无风险的关键领域。

我们以节税为例。因为富人的应缴税额往往数目庞大，因此该领域常受到专业人士的关注。我们曾听说过亿万富翁不缴纳所得税的故事。但是，这其实只是故事的一部分，因为所得税只是众多税种之一。还有一些方法可以使用，让纳税人根据所选择的实体类型、收款方式、财产性质（资本收益或普通收入）等对收入进行重新分类，从而实现节税。

创业者和小型企业具有许多优势，与超级富豪旗鼓相当。然而，富人确实可以使用私人银行，也能设计出中产阶级无法触及的精妙保险策略，这些都是创业者和小型企业望尘莫及的。

站在财富金字塔顶端的人，可以采取私募寿险或保费融资的方式向银行借贷，为享受税收优惠的寿险项目提供资金。他们也许只需向银行支付 1.25% 的利息，即可获得保险项目的资金，而此种项目的现金回报可达 3%、4%，甚至更高。这种设计是中产阶级无法企及的，我的书《亿万富翁会怎么做？》介绍了模仿这些策略的方式。该书的电子版是购买本书的赠品，你可在 WealthFactory.com/disrupting 网站下载。

四“I”法则赋能

美国国家税务局（IRS）· 投资（Investments）· 保险（Insurance）· 利率（Interest）

四“I”法则

在让资产承担更高的风险之前，你应该先学会把赚到的钱存起来，存得越多越好。通过改善现金流，妥善存钱能够更好地保障财务安全。但实现该目标的首要途径，不应当是因循守旧地节衣缩食，而应当是盘点生活中未受到充分注意和利用的收入，并且你要重新规划这笔资产。我的经验表明，人们因低效而损失的收入可达 10%，甚至更多，不懂金融哲学、向政府纳税过多以及向金融机构支付超额费用都是财商有限的表现。

四“I”法则可以提升经济效益，为我们赋能。第一个 I 代表美国国家税务局（IRS）。许多人都会过多地向政府纳税，但我并不认同这种做法。我更倾向于仅支付本人在法律和道德上的应付税款。然而现实生活中，人们大多没有对税收进行适当、主动的策略规划，因此，往往会超额缴纳税款。

还有些人故意超额缴纳税款，以获得退税。

在"财富工厂"的一场会议上，一个名叫布莱恩（Brian）的人曾分享自己超额纳税 11 万美元但并未获得退税的经历。他曾试图联系美国国家税务局，但那是新冠疫情大流行期间，打入美国国家税务局的电话每次都由系统自动回复，回复内容是"线路拥挤，稍后回电"。即使有直拨电话线路的专业会计也无法接通，等待时间通常超过 45 分钟。

布莱恩直到常规周期后的一年多以后才拿到退税款。他曾非常焦虑，但幸运的是，他最终联系到了一位有爱心的员工，这位员工帮他捋清了事实、找到了解决问题的方法，并帮他成功实现了退款。其实，在此期间，他为政府提供了一笔无息贷款。若纳税者未能按时向国家税务局缴纳税款，则要额外缴纳 9% 的费用；然而与之形成对比的是，过量缴纳税款的纳税者最终只能得到原先应退的金额而已。

投资和保险

第二个 I 是投资（Investments）。投资这件事，关注点不仅是收益。当然，每个人都想尽力而为，但不能以承担过高的风险或失去内心的平静为代价。此处的“投资”是指查出没有效率的投入、未按预期产生回报的费用，以及其他不能产生最终盈利的事情。

许多研究表明，在过去 20 多年里，指数基金常常跑赢托管基金。这一点在非对冲基金中尤甚，而非对冲基金的投资者中恰恰存在大量民众，他们将资金投入 IRA 或 401(k) 账户中。积极管理型基金的运作会产生一系列费用，这些费用往往被认为数额过小而不予考虑，但这些看似微薄的费用最终造成的复合成本效应却不可小觑。与其考虑百分比，你不如从这笔费用对最终盈利产生的影响的角度进行分析。30 年间，10 万美元的收益率为 9.2% 和 10%，由此计算出的收益差额为 343 162.44 美元——如果 100 000 美元在 30 年间以 10% 的收益率增长，则本息共计 1 744 940.23 美元；如果收益率为 9.2%，则本息共计 1 401 777.79 美元。这一例子充分说明，百分比很重要。所以，投资者应当筛查并砍掉对最终收益无用的费用，从而更多地保留现有资产。

第三个 I 是保险（Insurance）。保险中存在许多重复和结构不当的情况。保单投得越多，保费交得越多，相对而言落实到每一单上出现意外的风险性就会变小，保险公司的保单成本就变低了。人们投保的保险标的通常是自身经济能力范围内的物品。但如果他们开始只为灾难性损失投保，那就能获得同等风险下更大的承保范围或支付更低的保费，保费的性价比就提高了。这笔结余可以被存入储蓄账户，用于小额支出。在《亿万富翁会怎么做？》一书中，我与合著者进行了比较分析，发现与利率加倍相比，填补财务漏洞并保持资金稳定、利率减半的最终所得可达 4 倍于前者。

利率管理

第四个 I 是利率（Interest）。有 3 个 R 可以帮助我们降低利率。第一个 R 是结构调整（Restructuring）。许多人的贷款结构都不合理。例如，某人的信用卡贷款利率为 12%，同时名下有一辆已经付清账款的汽车。那何不以 1.9% 的利率为那辆车重新贷款，还清利率高达 12% 的信用卡呢？

这个策略是一举多得的。首先，它会提高持卡人的信用评分。汽车贷款是分期贷款，所以按时付款会提高持卡人的信用评分。但如果信用卡透支数额已经达到了信用额度，或贷款数额已达授信额度，持卡人的信用评分则会下降。

信用卡及类似的循环贷款意味着持卡人可以不断地充值和透支。透支数额超过信用额度的 30% 将会降低持卡人的信用评分，也就意味着更高的利率和保险费率。

由于目前利率极低，投资者也可以通过再融资实现简单的结构调整。按揭贷款就是我目前唯一的负债类型。

虽然我有用现金还清贷款的能力，但我们并不打算长期住在那所房子里。而且，我完全可以利用这笔资金在风险更低的情况下赚取更高的回报。我有一个稳定的账户，能让我获得5%左右的收益，而目前我的抵押贷款利率为2.75%。由此，我在低风险、高流动性的情况下取得了更高的收益。

另一种方式是重新协商（Renegotiating）利率，即第二个R。所有利率都是可协商的。如果你是信用卡的持卡人，那可以打电话给开户公司询问哪种服务最为划算，或者放出烟雾弹——“我正在考虑取出卡里的余额或者销户。”如此一来，他们很可能会将持卡人转到客户维护部门，你在那里更容易拿到较低的利率。

第三个R是重新分配（Reallocating），需要对储蓄和投资进行分析，筛查出表现不尽人意的资产。如果资产收入低于你在其他地方支付的利息，就应当将这些资产变现，偿还那些利率更高的贷款；这便是保障型储蓄。

应该还清按揭贷款吗？

在决定再融资或准备向银行还清按揭贷款之前，我们先来分析一下这个重要而又敏感的话题。

理财规划师对于按揭贷款持有两种观点：一种提倡尽快还清，摆脱贷款；另一种建议客户持有长期按揭贷款并定期再融资，从而获得税收优惠和低利率，而且这样也可以利用这笔钱通过其他途径实现更高的收益。

下面我会对以上观点进行详解，这样你就能在充分了解信息后做出明智的决定。面对这一问题，你首先应当考虑的是，按揭贷款会带来怎样的心理感受。它会让你觉得有压力吗？会让你持续焦虑吗？会让你频繁地产生消极情绪吗？能产生经济效益的事物有时会让内心无法平静。我希望你在进行抉择时能将经济因素和情感因素都纳入考量范围。

切记，人最宝贵的资产是自己，而非股票、债券或不动产等身外之物。举个例子，假设你进行了一项可以收获高回报的投资，回报率甚至高达 20%，但你却因此失眠，和配偶争吵。如若投资占据了你过多的精力，你的工作效率就会降低，健康和快乐指数也会随之下降。为了获得潜在的回报，这样做真的值得吗？

我的答案是：绝对不值得！尤其是在投资者是公司老板的情况下，个人效率的降低也会反映在公司所获利润中。我在前面储蓄账户部分的论述中有所提及，外部回报率也是投资中需要考虑的重要因素。虽然储蓄也许不能帮人们赚得盆满钵满，但如果能换来安心的话，投资回报较少也是值得的。

我再举个例子。我的密友瑞奇·克里斯蒂安森（Rich Christiansen）是一位出色的作家，拥有许多著作，《锯齿原则》（*The Zigzag Principle*）就是他执笔的大作。他辞职时，他的按揭贷款利率不到 3%。他曾说：“我要创业了。”

他的妻子表示："我为你感到高兴，但如果我们创业的话，能还清按揭贷款吗？"

"但按揭贷款利率真的很低，我们可以在别处赚到更多钱来抵偿贷款利息。"

"如果你还清了贷款，我会舒服很多，晚上能睡得更安心，也能为你提供更多的支持。"她答道。

于是瑞奇不情不愿地还清了贷款。现在的他，已经卖掉了19家企业。

从以上例子可以看出，财务情况，尤其是贷款的处理情况，会对内心世界产生一定的影响。如果我的妻子认为还清贷款会让她心里更好受，那么于我而言，整体的满意度和成就感是超越经济考量的。虽然我们可以在投资中赚到更多钱，但如果因此给婚姻生活造成压力，这样做也是不值得的。

我希望你能过上自己热爱的生活，而非仅专注于创造尽可能多的净资产。随着经济学的发展，人们对于是否应当还清按揭贷款的观点也在改变。20世纪90年代，股票市场的收益率可达20%。当时如果有人说自己要还清按揭贷款，那么大家会猜测他大抵是疯了。在那个年代，每个人都在创造财富。但在2000—2002年市场崩盘了，2008—2010年重蹈覆辙。2020年，市场曾一度下行又反弹。投资与还贷的回报率都是未知的。一切成效都取决于投资者的计划、心态和选择。（更多关于按揭贷款的讨论参见本书第十二章。）

资金成本

还贷与投资二者的抉择中需要考虑的另一个因素是资金成本，也叫机会成本。长期可持续回报率最高是多少？借贷的最高利率又是多少？如果信用卡的利息是22%，那么22%就是对应的资金成本。如果持卡人透支了1美元且没有立即还清，那么对应的实际支付额就是1.22美元。

在财务决策和风险管理中，资金成本是至关重要的考虑因素。如果有人愿意提供无息贷款，那么贷款人会希望贷款额是多少呢？答案一定是多多益善。如果贷款人可以自行选择还款时间，那他们一定会尽力拖延贷款时间，因为这样可以将这笔钱用于其他地方，获取有效回报。如果贷款利率为1%，那么大多数人仍会做出与上述情况相同的选择。然而，如果贷款利率升至20%，贷款人还会愿意借贷吗？即使仍然选择借贷，贷款人也一定会尽快还清这笔债务。

这便是资金成本效应，也是银行运作的底层逻辑。如果银行给储户的利率是1%，那么他们放贷的利率绝对高于1%。

银行也希望降低风险，他们会对按揭贷款的申请人进行一次评估，巨额贷款可能需要两次评估（评估费用由贷款申请人承担）。他们会查看申请人的纳税额和信用评分。如果申请人未能支付一定比例的首付款，他们就会要求申请人提供私人按揭保险（PMI）。因为首付不足意味着银行需要面临更大的风险，因此，他们需要收取保费，从而实现风险缓释。

风险缓释

为降低投资风险采取的一切措施。风险缓释因素包括教育、价值定位分析、保险和法律产品及策略、抵押、与原则保持一致等。

无论在何种情况下，银行向贷款人收取的利息始终都高于银行支付给其他存款人的利息。他们做的是现金流业务。银行才不会将储户的钱存入养老金账户，等上个30年，祈祷会带来收益。相反，他们非常希望这笔钱能迅速流入市场。

截至撰写本书之时，我已经获悉有人以低至2%的利率获得了按揭贷款。这个利率相当低，但将现金存在货币市场和储蓄账户则另当别论。对某些人来说，获得高于2%的回报率，可能尤为困难。还清贷款是有保证的储蓄，而投资的结果则具有未知性。因此，我想在此提醒对房产进行再融资后将资金投入股市的投资者：股市有风险，估值过高是常事，一些费用和潜在税收导致净收入减少，也在所难免。

市场波动也影响着整体回报。如果将10万美元投入基金，一年后基金亏损了10%，此时结余为9万美元（假设无须支付其他费用）。第二年该基金上涨了10%，但对投资者而言并非如此，因为原有的9万美元上涨10%后是9.9万美元，仍然少于两年前的起始资金。你的两年时光就这样悄然溜走了。

一些财务顾问常常批判我在 YouTube 上发布的视频中所阐述的观点。他们声称，股票市场长期以来的平均年回报率为 10%。但 2000—2015 年间，如果将 2000—2002 年和 2008—2010 年的下跌也统计在内，那么经通胀调整后的股市实际收益率应当是 8.7%（总计）。

我们可以看看更多的数据。我曾在为《福布斯》撰写的一篇文章中引用了一项研究成果。该研究表明，在过去的 20 年间，10% 的投资者取得了 84% 的收益。[13] 该项研究的对象是对冲基金，运作规则与一般基金不同。正如丹尼斯·热诺德（Dennis Genord）在他为 BetterInvesting① 撰写的《疯狂市场》一文中指出的内容一样：

> 做空股票，是预计股价将会下跌时使用的一种交易策略。该策略应当只为那些经验丰富（有人称之为悲观）的交易者所使用。要进行这项操作，就需要从券商处借入股票建立空头头寸，而如果要持有空头头寸，就必须要有一个允许投资者借钱购买证券的保证金账户。做空者通常必须在其未平仓头寸时支付借入股票价值的利息，并最终在市场上回购股票并将其返还给券商，实现平仓。

① BetterInvesting 是密歇根州麦迪逊海茨市一个为投资俱乐部提供支持服务的组织。——译者注

如果平仓买入价低于借入股票的价格，做空者就能赢利。借入金额与平仓支付额之间的差额反映了做空者的盈亏。交易商通常会将交易过程中收取的利息、佣金和其他费用也纳入考虑范围，这些费用会根据情况削减潜在利润或加重损失。[14]

对于非资深金融业从业者而言，金融是纷繁复杂的。大多数人都是依据不全面的信息和观点进行投资决策。因此，也许普通投资者所获回报率为 3%，对冲基金对应回报率为 9%，但报道中出现的信息则是市场回报率上涨了 6%。这是证明观点所需的基本解释，但低于预期的回报是否值得对应的风险和波动呢？

下面我们来聊聊共同基金。我们做这样的假设：投资者在 2008 年购入了一个目标成长型共同基金的基金份额，而其基金经理不愿购买成长型股票，认为其估值虚高，而且市场处于下行阶段，但由于基金的目标是增长，因此他们也不能将这笔资金提现，只得将其留在基金中。

杰弗里·维尼克（Jeffrey Vinik）曾担任美国富达投资集团（Fidelity Investments Group）旗下的麦哲伦基金的主管经理。在 20 世纪 90 年代后期，他认为股票市场虚高，于是他将股票中的资金转兑为债券和现金。这一行为非常正确，但富达却因该基金有严格的目标而遭到起诉。维尼克之后则成立了一家对冲基金。

费用

随着利率下跌，许多需要偿还按揭贷款的人都在尝试再融资。但是，再融资会产生很多相关费用。签署抵押贷款合同时，贷款人应当查看贷款发放费[①]，费用范围是总按揭贷款的0.25%~2%。这笔费用有时包含在按揭贷款中，因此并不起眼，但这笔费用确实增加了贷款本金。

接下来贷款人还要面对产权费、产权调查费，以及非常重要的回扣费用。贷款经纪人售出的利率越高，所获取的回扣就越多。回扣不会体现在贷款人签署的支票上，但贷款人实际支付的利率确实高于回扣为零时的利率。

投资者应当看到再融资的所有成本。我在近期的再融资活动中，为了将利率从4%降至3%，花费了13 000美元。利率降低后，我每个月可节省出1 200多美元。如果我并不打算在那所房子里居住一年，那么降低利率就没有意义了。而且，再融资、收集资料、与核保人往来沟通都会耗费我大量时间。要知道，时间成本也是成本。

如果我以这个利率为汽车融资并进行投资，而非直接开支票付清车款，那所获的收益能够超过1.9%（或0%）吗？也许会，但最重要的是，我喜欢应付账款为零的状态，喜欢写完支

---

① 为了发放一笔贷款，贷款平台需要完成多项必要的程序性工作，为了补偿这些工作产生的成本，贷款平台则向借款人收取贷款发放费。——译者注

票后毫无负担地离开，所以融资显然并不适合我。

尽职调查

投资者可以通过填补漏洞，来提高现金流的安全性，但“高风险等于高回报”这一误区主要存在于资金管理的过程中。优秀的投资者应当在不增加风险的情况下提高回报。想要实现这一点，就需要坚持与自身的投资者基因相符的投资，建立分析和降低风险的程序和结构。

为了帮助你们更好地应对风险，我将分享自己在早年间做不动产投资组合之前思考的十个问题。这些问题，将会引导投资者对自身的投资者基因进行考量，避免与自身情况不符的推销和投资，从而降低风险，节省时间。（你可以在 WealthFactory.com/scorecard 网站免费获取投资者记分板这一尽职调查工具。）投资者记分板并非风险评估，因为大多数风险评估都无法提供这样的帮助。这句话听起来颇为大胆，但请大家思考一个问题：如果风险值被划分为零到五，那么自己愿意承担多少风险呢？相信风险与回报成正比的那些投资者很可能会说五。但是，如果投资者倾家荡产后再被问同样的问题，那么提问者可能会被暴打一顿，而他们的答案显然会是零。思考这些问题对评估风险有何帮助呢？

使用投资者记分板之后，下一步是向非利益相关者征询意见。我曾询问过自己的律师，还有曾收购我公司的董事长诺姆，我也曾在特定情况下拜托一些顾问帮助我进行尽职调查。否则我很可能意气用事，增加投资风险，毕竟我容易激动，不够耐心，也不擅长观察细节。顾问们能够抓住我在论述中的漏洞，加深我对风险的理解。因此，如果我决定继续进行交易，我们就会在采取下一步行动之前设法降低这些风险。这将改变金融游戏的玩法。

这种审查方法，尤其适用于加密货币这种催生贪婪的领域。该领域有很多“冒牌货”。狗狗币是加密货币中颇为流行的一种，但它甚至都没有开发团队，内容空空如也，基础一无所有，纯属投机买卖，是典型的拉高出货。

风险升高意味着更有可能遭受损失。以下行为都会制造风险：对并不了解的标的进行投资，在未规划退出策略时追逐回报，不考虑现金流进行长期增长投机，抑或是被恐惧或贪婪支配着分配财产。而建立尽职调查程序、探索自身的投资者基因、进行自我投资、终身学习都能帮助你成长为更优秀的投资者。

第十章

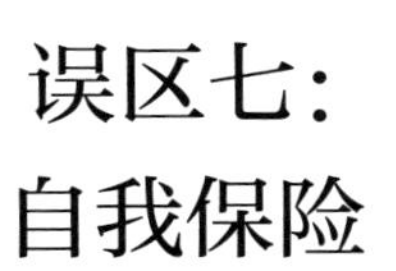

误区七：自我保险

自我保险实际上意味着没有保险。降低保险费用的最佳方法是进行合理规划，可通过重点关注灾害保险，转移重大风险来实现。

自我保险

如果能够在银行或其他安全且流动性强的账户中积累足够的资产，就可以完全放弃投保以节省保费，用自有资产对抗不可预见的损失。然而现实中根本不存在自我保险。保险只存在有和无两种状态。

误区：	**真相：**
人们应该尽量减少对保险的消费，投保只会浪费资源。	购买能力范围内最好的保险。如果人们能正确地看待保险，就会意识到它能为投保人降低风险、提高生产力。

最廉价的保险

结构设计不当的保险可能价格高昂。尤其是投保人如果未能合理地转移风险，而是仍然暴露在其中时。在《杀死圣牛》一书中，自我保险章节想要告诉大家如何运用保险保护资产、解放资金进行投资，而并非将资金锁在所谓的“自我保险”中（即用自己的资金赔偿损失）。这意味着没有投保或者通过自我保险对抗灾难性的变故都会限制对资金的使用，而现实中投资者大都希望持有一定数量的安全且可流动资金。如果没有足够的个人资金来应对索赔，个人就需要承担风险，面对变故，给生活和财务状况带来压力。

许多人未投保或保险不足的主要原因是希望节省保费或是对自己的实际状况一无所知。还有很多人至今仍使用着过时的承保范围，将自己暴露于不必要的风险中，个中原因并不难懂。很少有人清早起床会这样想：“哇，我应该看看我的保险单，和代理人谈谈，这真是一件有趣的事！”我们通常只有在自己或身边的人遇到变故后才会想到保险。当某人的汽车或房屋遭受重大损坏时，我们不禁对自身投保范围的正确性进行思考。而如果其中涉及保险公司并未按照预期进行赔付，那么我们对自己的怀疑可能会更加强烈。

有些保险是法律强制投保的，但大多数保险是具有选择性的。没有按揭贷款的人们可以自行选择是否放弃房屋保险。但房主如果为了节省开支而放弃购买保险，就需要对房屋的任何损失负责。如果发生房屋失火这样的灾难性变故，房主就需要花费大量财力对房屋进行修缮或置换。房主也许每年可以在价值 50 万美元的房屋上省下 2 000 美元的保费，但如果他并未投保且没有其他实现利益增长或高收益的机会，那么他就需要保证手头至少有 50 万美元处于可流动的安全状态。而如果房主购买了保险，那么这笔 50 万美元的自由支配资金将为其带来多少收益呢？如果收益率可达 3%，那么在支付 2 000 美元保费后房主仍可获得 13 000 美元的结余。

最低廉的保险应当是结构合理、承保范围仅包括重大变故的保险。在当下的经济可承受范围内且相应支出不会导致整体财务计划功亏一篑的事物，都不属于重大变故。所谓“最低廉的保险”并不意味着最低的保费，而是它能够为投保人有效地转移风险。专业从事风险管理、能够集中应对风险的公司具有的性价比远高于自我保险。使用自有资金意味着保险金不会少于保险费。投资者必须将资金留存在账户里以应对风险，从而错过了这笔资金作为流动资金在投资中的潜在利息。而保险金必然高于保险费。如果设计得当，那么保险应当是一本万利的买卖。

最实惠的投保莫过于购买最恰当的保险从而解放资金、高枕无忧，通过对资金的安全保障提高投保人的生产率。对自身和自有资产的妥善保护和对风险的正确评估将带来真正的安全感。

保险策略

本着寻找最便宜或最佳保险的精神，我们来聊聊人寿保险。与终身寿险相比，退休规划师普遍推荐定期寿险。定期寿险的优势是价格更低，前期支付的保费更少，节省出的差额可用于投资。同时，它不具有现金价值，仅在特定期限内为投保人提供保障。投保人支付保费时可受到保障，而一旦停止支付保费，保障就会随之消失。有些定额定期的寿险保单的保费会在10年、20年或30年间都保持不变，而有些按年续保的定期寿险保费则可能逐年增加。简而言之，定期寿险的保费会随着时间的推移不断累叠。若投保人的年龄超过了平均寿命，不断地续费就会导致保费总价升高，最终保费就可能高于死亡保险金。

定期寿险

在特定时间段内提供死亡保险金的人寿保险。不同于终身寿险，定期寿险的保单内并不具有现金价值，也没有实质的生前福利（类似于国内的生前给付）。

定期寿险只有两大优势。其一，投保人知道自己即使遭遇变故，家人也能得到经济上的保障，因此会有安全感；其二，如果投保人不幸身故，那么保险金这笔现金收入可以享受免税。除此之外，定期寿险并无其他优势。因此，它是值得考虑的权

宜之计，优势仅在于保费低廉，但从长远来说仍有一定的限制。

“购买定期寿险、差价用于投资”的理念鼓励人们先购买保险，等拥有足够的资产来替代保险时就停止投保，这与前述房屋保险的例子并无不同。但是，采取这种策略的人往往无法充分利用资产盈利，也不敢进行消费，导致潜在利益的流失。如本书前几章节所述，这导致投资者容易受利率下降、税收波动和通货膨胀的影响，购买力也因此受限。

终身寿险

终身寿险为投保人提供终身的保障，并不局限于某个特定的时期。终身寿险所具有的现金价值会随着保费支付而增长，投保人可享受包括税收保护和伤残保障在内的多重生前福利。

终身寿险保障期限为终身，它拥有现金价值，固定保费，死亡保险金保障和稳定的利率。终身寿险的前期保费远高于定期寿险，因此大多数人认为前者更为昂贵。18 岁时，有人曾告诉我，终身寿险是个需要投钱的无底黑洞。在看过大多数保险公司及其保单的设计之后，我理解了这种想法的来源。高佣金、少现金的特点为返现和履约设置了层层障碍。保单回本越慢，对投保人就越不利。但是，通过一种不同的方式，我们可以通过设计和使用终身寿险，使自身从中受益。

要想对保险有正确的认知，我们应当跳出定期寿险和终身寿险的二元论。保险是在人生的不同阶段采用不同方法的灵活策略，而不是两者之间非此即彼的选择。

在大多数情况下，人们购买终身寿险时并未考虑死亡保险金的数额，也未考虑如何保护自身创造的经济价值（即投保人一生的收入）。因此在他们遭遇变故时，他们的家人往往被卷入风险之中。人寿保险的关键在于赔偿：如果投保人身故，保险至少在某种程度上为投保人的家庭提供投保人本该提供的收入。所以，投保人应当更多关注承保范围，而非现金价值。从保障的角度来看，终身寿险在绝大多数情况下能提供更多的福利。

赔偿

对遭受的损害或损失与其产生的费用等进行的补偿。此外，也对预期损失进行防范或保障，或为将来的损害或责任提供担保。自我保险无法提供赔偿，而合适的承保范围能够涵盖保单持有人因意外事件而损失的物品。

如果投保人对于人寿保险的种类没有偏好，那么定期寿险就是当下不错的选择。简而言之，如果投保人对自己的决策并不确定，或在资金周转方面存在困难，就可以考虑购买定期寿险。

互惠基金经纪人之所以向大众推荐定期寿险并投资差额，是因为他们主要从互惠基金等被管理的资产中获得报酬。同样，从终身寿险中获得更多盈利的经纪人会推荐终身寿险。二者虽然理念不同，但互惠基金和终身寿险的经纪人都必须了解客户的投保意图。怎样才能兼顾二者呢？是否存在能够转移和降低风险的同时提高回本率的方法呢？

现阶段购买了定期寿险的人们应当确认，该定期寿险能够在自身认知提升或资金流动状态有所改善时转换为终身寿险。我曾与纽约市一家大型人寿保险公司的精算师交谈，他告诉我只有 1.1% 的定期寿险能够获得赔付。既然死亡无可避免，那么我希望保单在我死后的第二天才终止。所以，慢慢地我把自己所有的定期寿险都换成了终身寿险。

我在《杀死圣牛》一书的“自我保险”章节中对该策略进行了哲理论证；在《亿万富翁会怎么做？》一书中，我则介绍了如何合理设计终身寿险以及具体实施方法，让它不仅提供死亡保险金，还能让人们在活着时就享受福利，彻底颠覆了保险的本质。

我第一次购买保险是在 19 岁。彼时我购买了定期寿险，并且每月花 50 美元投入终身寿险。随着收入的不断增加，我将定期寿险转成了终身寿险。如今已经过去了 24 年，在此期间我从未对终身寿险失望过。当市场下行时，它丝毫没受影响。当保单的赢利能力弱于其他赢利机会时，我用终身寿险保单具有的现金价值支付了房产的首付。当团队开发第一款数字产品和教育课程时，我又利用其现金价值买下了一间电视演播室。它为我还清了利率更高的美国运通信用卡，并帮我买了一间小木屋。在我 59 岁半必须使用 IRA 或 401(k) 账户（美国民众管理退休金的两个常用账户）之前，我的资金都可以流动。我不必为市场低迷或流行疾病而担心，不必因市场波动而承受压力或失眠，也不必为其带来的任何收益缴税，可以享受责任赔偿和伤残保障等多项福利（如果我因伤残而丧失支付能力，那么保险公司会持续为我支付保证金）。而生前福利条款（类似国内重疾理赔条款）能够保证：投保人如果需要长期看护，可以提前使用死亡保险金。

按现金价值计算，我的终身寿险保单的内部回报率约为 4%。一些很早的保单内部回报率稍高，近期的保单则回报率较低。但除此之外，整体外部回报中还包含其他福利，例如不必支付定期寿险保费、不为现金价值缴税、可以合法使用其现金价值。我甚至可以通过协调其他非现金流动资产和死亡保险金来创造更多的流动现金。（有关此概念的信息详见 WealthFactory.com/disrupting 网站的《亿万富翁会怎么做？》一书。）作为世界上最富有的家族之一，洛克菲勒家族财富已绵延数代，该家族所有的继承人都投保了终身寿险。他们过世后，终身寿险会流入信托中。这是这个家族延续财富和创建家族银行的关键策略之一。

终身寿险和养老基金

为了利用死亡抚恤金和其他资产来创造更多的流动现金，我们先来学习企业多年来是如何实现这一目标的。如此一来，个人也可效仿。

通用电气公司（GE）就是运用这一策略的翘楚。在20世纪50年代，该公司计划聘请顶尖人才，为实现这一目标，公司承诺在员工工龄达到一定年限后向其支付养老金。由于其他公司并未开出这样的条件，通用电气公司得到了最优秀的人才。公司会在员工进入公司工作的第一时间为他们购买一份终身寿险保单，它产生的现金价值稳定、可预测且安全，可用于员工养老金的支付或补给。它用于支付员工的部分或全部养老金，当员工死亡时，他们的死亡保险金就会免税返还给公司。由此，公司不仅能吸纳人才，还能为他们支付部分甚至全部养老金，在员工过世后通过正向的免税返还金弥补了养老金成本。

在之后的几年，股市行情大好。彼时华尔街的高管们曾这样劝导通用电气公司：将资本投入股票市场将获得更高的回报率，至少是保险现金价值的两倍。这听起来不错，但他们描绘的回报随着市场低迷化为乌有，员工的养老金也因此受损。

我们见证了许多公司无力支付养老金，无法向员工兑现承诺的场景。更大的风险并不意味着更大的回报。规划有优劣之分，不是所有的规划都一定能创造经济价值。

21 世纪初，股市风靡一时，养老金数额减少，许多人因此破产。一夜之间，公司被迫支付先前承诺的养老金，但养老金的专项资金库由于破产者一开始所谓的“撤资”而不再扩大。投资，即我们投入然后资金增长，撤资则发生在分配阶段。当市场下行但仍需进行分配时，亏损就会加速，最终摧毁整个资金库。

当撤资涉及不稳定账户中的资金时，资金可能会消失。人们能从股市的不稳定账户中安全地提出多少账款呢？假设第一年赚了 12%，第二年的收益率为 0%，第三年赚了 15%，第四年损失了 10%。尽管长期平均收益在 8% 左右，但实际收益可能并非如此。

第二年和第四年时的负面影响是双重的：其一是没有收益还白白浪费了两年的机会成本；其二是为向受益人履行义务从而动用了基金中的资产。

经济低迷时期存在市场波动，需要调动基金中的资产参与分配；与此同时，随着基金中的资产减少，可用于赚取利息的资金也变少了。因此，基金可能无法长期履行支付养老金的义务，导致公司面临风险。2008 年经济大萧条期间，一些州仍规定公司须在雇用员工之前就支付养老金，而这也导致了一些公司的倒闭。

一笔金融遗产

我们应当将终身寿险视为财政遗产的一部分。死亡保险金的入账能够支付一部分退休期间的支出，于是更多的资产流入信托，为下一代的财务状况提供强有力的保障。

这就是洛克菲勒家族采取的策略，他们的财富因此绵延了几代人，且仍在持续增长。值得注意的是，家族的继承人并不一定能获得继承遗产的资格，洛克菲勒家族没有遗产，只有家族银行。终身寿险具有现金价值和死亡保险金，因此受益方是家族银行。鉴于储蓄需要缴税、利息低且没有死亡保险金，因此我更愿意对终身寿险进行超额投资。终身寿险的现金价值随时都可以享用，投保人过世后，家族银行就会收到免税的死亡保险金并将之存入信托。我为所有的继承人都购买了保险，他们可以按照意愿从保单借取现金价值（该现金价值归信托所有）。这笔现金可用于创业、支付房屋首付、购车或购买其他资产，也可以首选利率进行资产积累。当我不再依赖外面的银行，创建自己的银行时，我的家族就可以像这些机构一样赢利了。

我在遗产计划中设立了董事会，但是他们并不会在我过世之前拿到薪酬。我和我的妻子能够自行做出财务上的决定，也可以利用董事会在我们夫妻去世后为我们的继承人提供保障，承保流程与银行类似，但是更加简明。在我去世后，董事会将获得报酬，因为他们帮助我的继承人进行财务决策以及在我家族银行的框架范围内分配资产。

在继承人的一生中，他们所有重要的财务决策都会得到董事会的支持。他们可以向董事会提交商业计划，获得来自管理家族信托专家的建议（由董事会和我现有的财务团队组成，又称为家族办公室）。大家也可以自行设计家族信托的流程。我的家族会举行年度会议进行讨论，建立信托结构，为继承人们接手我们创造的财富铺路。

信托设立人可以自行决定如何管理该信托。信托可以按照设立人的意愿在指定的时间节点为继承人提供帮助，资助对象和具体用途亦可人为设定。你可以自愿决定是否要使用他们的信用评分、要求他们匹配首付资金，或者允许他们在已向董事会报备的情况下领取部分商业贷款。

你的流动现金银行

我购买了终身寿险，且一直都在利用保单的现金价值，这是一个不错的中期战略。存储这笔钱可得的回报率并不高，但如果有更好的赢利机会出现，我就可以直接使用这笔钱。我的保单扣除红利和成本后的回报率为 4%~5%。一份享受税收优惠的保单收益率高达 6.17%，相当于在应纳税的账户中获得超过 8% 的收益。在现实中，要在规避下跌风险的情况下实现 8% 的收益是十分困难的。

现金价值不要求投保人为留存在保单中的红利缴税。投保人从保单中提的第一笔钱遵循先进先出原则，即这笔钱是对先前所交保费的退还，无须缴税。投保人也可以借用保单的现金价值。这不会影响投保人的信用评分，也因此不要求高信用评分作为门槛。投保人可以将现金作为担保拿到保险公司的借款，然后用这笔钱继续赚取利息，但公司也会收取相近数额的利息。具体数额由公司决定，通常与投保人获得的收入相近。这避免了缴税，投资的回收期也很灵活。贷款可以在投保人过世后用死亡保险金结算。

如果提前退出投保，由于预付保费的存在，短期投保人需要面临终身寿险下行的风险。如果投保人在支付一年保费后决定不再继续投保，那还不如将这笔钱投资市场获得更大收益，或者购买定期寿险。但是，如果保单设计得当的话，支付 3~5 年保费后所得的回报会高于你在货币市场的投资和购买定期寿险所得。如果投保人能够坚持 10~20 年，那么计入税收优惠和众多福利后所得的实际回报率会比进行大额定期存款或投入货币市场高出 4~8 倍。

随着政府批准的退休计划的实施，诸如 401(k)s、传统 IRAs 和 403(b)s[①]（三者均为美国个人退休账户），政府可以改变规则。20 世纪 90 年代，政府提议征收杂税。这意味着如果退休账户中

① 403(b)s 是美国的一项退休储蓄计划，具有税收优惠，可供合作医院、教育组织、自雇部长和一些特定的非营利雇主使用。——译者注

的存款超过一定数额或提款金额超过一定数额，账户持有人还需要额外缴纳 10% 的税。

这一规定如今已经废止了，但政府还背负着 30 万亿美元的债务。如果他们需要用钱来偿还债务怎么办？他们会采取什么措施？尽管目前政府尚未对退休计划征税（进行分配除外），他们很可能做出改变。然而，政府之所以需要资金，一部分是因为民众到 70 岁半时需要进行最低标准的资金分配。违反规定的行为将被处以该笔分配金额 50% 的罚款并缴税。不取出这笔钱可能会损失大量资金，但取出这笔钱就会被征税。如果人们现在讨厌交税，那么这种厌恶会随着他们年龄的增长而更加强烈。

在 401(k) 政策下，个人退休账户中的金额并不等同于账户持有人可以花销的金额。在 59 岁半之前取出这笔钱需要缴纳税款以及 10% 的罚款。这表明，在账户持有人将钱存入个人退休账户时，这笔钱就面临着 10% 的亏损。但许多人都没有意识到这一点，个人退休账户中 100 万美元的存款让他们沾沾自喜。但如果他们想要得到那 100 万且自身处于最高的税率等级，那么实际只能拿到一半左右。这就像是买到一幢很棒的房子，但只有其中一半房间的钥匙。这就是我不认可那些政府计划项目的原因，也是我超额投资现金价值来存储资金的理由。当机会来临时，我有足够的现金来把握它们。

延期与储蓄

递延税和储蓄税（存款税）是不同的税种。储蓄意味着永远不必纳税，递延意味着当下不必纳税。推迟纳税的款项不一定用于储蓄。例如，在1944—1981年，最高一档税率超过了50%。而过去几年间，人们按照最高税率等级缴纳的税率仅达到37.5%和39.6%。政府已经开始讨论如何实质性地提高税收了，如果政府真的开始提高税收将会引发什么后果呢？人们可能会将税延至更高的税率等级，在该等级中通过现金价值终生避税。

那你应该如何在瞬息万变的税收环境中提高掌控力呢？答案是寻找免税额度，进行税收减免（节税）而非递延，或者为（预先的）播种而非（未来的）收获纳税。购买终身寿险可以帮助人们在当下就进行纳税，随后使之增值并递延该纳的税款，最后使用一定策略免税获取资金。

这又是一个我偏爱终身寿险保单、尤其是通过互助公司的保单进行超额投资的原因。适当地超额投资能够实现代理人所得佣金的最小化和个人所得现金的最大化。即便如此，数以千计的公司中也最多只有24家能够提供合理设计保单的机会。

像拉姆齐和欧曼这样厌恶终身寿险的顾问最讨厌的就是设计不当的终身寿险。但除此之外，还有第二个原因，那就是他们不了解价格与成本、价值之间的关系。我们再次通过消除自我保险的误区来对本章中的低价进行重新定义。拉姆齐和欧曼认为低价意味着低支出，但我们需要了解的是事情整体的运作机制：整体情况、税收结构、风险，以及过程中的福利。

这就像分别用 1 美元和 1 万美元购买汽车。1 美元确实是低价，但如果这辆车不能正常运行，谁会在乎它的价格只有 1 美元呢？如果价值 1 万美元的汽车功能齐全，哪辆车的购买成本更高呢？尽管价格更低，可是第一辆车并不能发挥预期的效果。

同样，拉姆齐、欧曼之流只看到了终身寿险在初期更高的保费，但没有考虑到现金价值的净回报率或因税收优惠、长期护理福利（投保人可以在活着的时候提前使用死亡保险金）、伤残补助金和担保而产生的外部回报率，以及仅有 1.1% 的赔付率的定期保险单，这种低赔付率对于短期内赔偿保护而言尚可，但考虑到长期存在的机会成本因素，我不会将失败率高达 98.9% 的项目纳入选择范围。

我的终身寿险保单期限将会持续到过世当天，以保障我的收入实现免税。我在国内资产保护信托的战略所有权也很可能帮助我的家庭免除遗产税。

交清增额

在终身寿险中运用交清增额（PUAs）能够加速现金积累，也能提高死亡保险金。以 50 万美元的保单为例，未通过交清增额进行超额投资的基本保费增长缓慢，死亡保险金的增加耗时更长，短时间内也不会产生可用现金。当运用交清增额进行超额投资时，投保人即可使用大部分现金，死亡保险金也会增加。这一过程中存在一个拐点，大多发生在投保的第 13 年。到达该点时，投保人已经支付了承保和佣金等保险公司设立储备金和进行其他业务所需成本的前期费用，于是死亡保险金不再递增式增长，而是开始呈现出指数增长的态势。

在不超过税务规定的纳税保费上限的情况下，我一直以交清增额的最大值投保。因此迄今为止，25 年前左右投保的保单的死亡保险金已经增加了一倍有余。

万能寿险

20 世纪 70 年代末和 80 年代初的利率很高。1981 年，按揭贷款的利率甚至高达 16.63%。[15] 大额定期存款利率达到了两位数，但所得收入必须纳税。

此时，华尔街投资银行英富哈顿（E.F. Hutton）率先推出了万能寿险。这是一种具有现金价值的保单，其中的保险部分与定期寿险相似，但保费高于定期寿险。万能寿险与终身寿险的不同之处在于前者的保费并不固定，会随着时间的推移而上涨。在 20 世纪 80 年代，人们购买小型万能寿险保单并将大量现金投入其中，赚取高额回报的同时无须为之纳税或支付大额保费。

万能寿险对投入金额的限制更少，因而能够在保费最小化的同时实现现金的最大化。这是高利率时期的一种避税方式。由于投保的比例较小，所以因保费上升而降低现金价值的风险也更低。但在利率大幅下降、政府出台新规定后，上述优势就不复存在了。

政府担心损失的税收过多，于是降低了纳税保费上限。在保险金额不增加的情况下，可投入此类保单的现金数额就因此受到了限制。保险成本随之增加，回报减少，万能寿险辉煌不再。

死亡赔偿率（每千名保单持有人的死亡人数）会导致保单成本上升，从而导致保费上涨或其现金价值被完全消耗掉。

如前所述，终身寿险的保险成本、保费、最低利率甚至死亡保险金都是有保障的。终身寿险和万用寿险看起来区别不大，但万用寿险提供的实际保障更少。这并不意味着万用寿险一无是处，额外风险确实存在。而投保的关键是提高确定性，让自己可以使用现金而不必担心上升的成本对资金的侵蚀，让自己能够确定死亡保险金会在自己过世后的第二天发放，效仿通用电气公司的养老金模式收回成本，并在其他机会出现时能够使用现金价值。

终身寿险的另一优势

终身寿险还为投保人提供类似于长期护理保险的附加险。

如果投保人拥有入住私立疗养院的资格，那么他在世期间可以提取高达 70% 的死亡保险金，节省大笔长期护理的保费。终身寿险的投保人享有死亡保险金和超额投资的现金价值，因此不必购买定期寿险。如果投保人落下了残疾，那么 6 个月后其所有的保费将均由保险公司支付，其储蓄仍然会增加，而死亡保险金不会受损。

此外，如果投保人被起诉或破产，那么其保单的现金价值将受到充分保护，不会被挪用，而投保人在货币市场、大额定期储蓄和储蓄账户中的资产则不会受到同等保护。尽管退休规划部分的财产可以免责，但该部分财产涉及共同基金和股票市场，因而不具备稳定性。

安然度过金融危机

一些保险公司已经有上百年的历史，市值也达到了数千亿美元。我的一张保单由一家市值数万亿美元的公司承保。这些公司在资金的风险管理方面都有特定的限制和要求，这使得他们保持资金的相对稳定以应对索赔。

“911 事件”及类似的危机给许多金融机构带来了沉重的打击。保险公司需要为死者进行理赔，但前面提及的那家保险公司的财务状况甚至比我储蓄的银行更稳定。保险公司并不能像银行那样透支，而银行会透支拥有的资金。当出现违约时，这种透支就可能产生毁灭性的影响，从而引发了2008年那样的金融危机。

2008年金融危机期间有大量银行倒闭，其他银行则被贱卖或依赖政府补贴才能维持生计。而我持有保单的那些保险公司甚至没有关门歇业。

确实有一些保险公司倒闭了。盐湖城的益生公司（Beneficial Life）就没能成功度过这场危机，但该公司的保单持有人都安然无恙。因为另一家保险公司收购了益生公司，接替其履行保单。

正如联邦保险公司为银行存款提供担保一样，有些担保与保险有关。尽管如此，我的家乡所在州担保协会却从未支付过索赔（不同于联邦保险公司）。这是否意味着这些公司是完全安全的呢？不，经济动荡总会对他们造成伤害。

在投保人拿到红利前，红利的金额是没有保障的，但扣除费用前投保人所获利率最低也为3%~4.5%。以6%的红利为例，一旦红利被支付，那么这笔红利（减去费用）就会成为当年的保证金。我只会考虑至少有百年红利支付史的公司。

价格，成本和价值

定期寿险的缺点之一是它会在投保人死亡机率增加时逐步淘汰投保人。投保人在一定年限（可能10年、20年或30年）内需要缴纳固定保费或每年调整续保费用。保费固定的时间越长，当下的保费就越高。相对每年调整的续保而言，当下的保费是最低的，但保费会随着时间的推移成指数倍增加，增加幅度在投保人接近预期寿命时达到峰值。如果投保人长期持有年度可续保保单，那么为了逐步淘汰投保人，未来它的保费可能会高于死亡保险金。

定期寿险唯一的优势在于价格。然而要做出更明智的选择，我们还需要考虑另外两个标准：成本和价值。

价格是我们支付的金额。仅从价格的角度来看，定期寿险当然是赢家。但从成本（即净经济影响）的角度来看仍然如此吗？假设我有一只税后收益为 5% 的互惠基金。（在美联储的大量资金涌入华尔街的量化宽松时期，5% 的收益率并不高，但从长期利率的角度，我同意巴菲特的意见——希望得到超过 6%~7% 长期利率纯属妄想。）[16] 此外，投保人必须支付定期保费，这意味着还需要拨出一些钱来支付定期寿险。扣除这笔费用后所得收益率大约为 4.5%。在前期看，购买定期寿险似乎是优于终身寿险的选择。

而许多结构设计不合理的终身寿险保单都存在一个问题：在最初的几年，投保就像往黑洞里砸钱一样，投入大量准备金和佣金，却没有获得任何现金价值。从现金角度出发进行比较，鉴于 90% 的公司表现不佳，投保人最好购买定期寿险并将差额用于投资。

然而，仍有 20 余家终身寿险公司提供结构合理、值得超额投资的保单。投保人可通过交清增额获得更高的现金价值。这笔现金价值将带来红利。自从1998年开始投资第一份保单以来，我的终身寿险的红利已经远远超过了从储蓄账户、货币市场及大额定期存款中获得的红利。

重申一下前述观点：终身寿险产生的红利是有保障的。即使来年市场低迷，投保人保持最低利率的现金价值也有保障，大多数保单的此项数值为3%~4.5%。购买终身寿险意味着使用节税的方式进行资金存储，且使用这笔资金不必受到年龄的限制。3~5年后，投保人拥有的现金将超过存入的现金。如果保单结构合理，相比同等条件下将资金投入储蓄账户、货币市场及大额定期存款的情形，投保人获得的收益将是其4~8倍。除此之外，投保人还可以获得永久性死亡保险金。如果你未来已缴清保单的保费下降，投保人就不再需要支付保费，死亡保险金也会被足时保留（但金额有所减少），保单的效力再也无须后续的保费来维持。

使用死亡保险金

在我的书《亿万富翁会怎么做？》中有一个章节标题是“购买净值，构建流动现金”。该章节介绍了六种方法来帮助你们在离世前协调资产、使用死亡保险金，拥有可提供现金流的免税资产。这不仅可以重新利用惰性资产以及未产生流动现金的无效资产，投保人还能拥有可以随时取用的现金价值。

重申一下，终身寿险是中期存储金钱的方式。在恶性通货膨胀的情况下，金钱不必留在保单中，可以用于购买资产或偿还高利率贷款。有批评人士指出，终身寿险并不能提供最佳的长期回报率，这一点我并不否认。同时它也不是最佳的短期选择，因为货币市场和定期寿险在投保的最初几年流动性更强。但在 3~5 年后，终身寿险无疑能够更加有效地存储现金，提供更好的保障。利率飙升时，投保人可以取出现金，将其投入高息账户。利率暴跌时，投保人可以将钱存在保单中，直至市场恢复元气再行安排。

如果还清房贷有经济价值，那么我明天就可以用自己的保单还清房贷。同理，也可以用保单购买另一处房产，或者按照自己的节奏还钱且不影响信用。

我们可以充分利用终身寿险和交清增额来设计一个非常具体的策略，让其在本书讨论的水平上发挥作用。这种方法始终被商业巨头和富人青睐，洛克菲勒家族也不例外。但它并不适合所有人，就像一把锤子，对不了解使用方法的人也许起不了任何作用。

第十一章

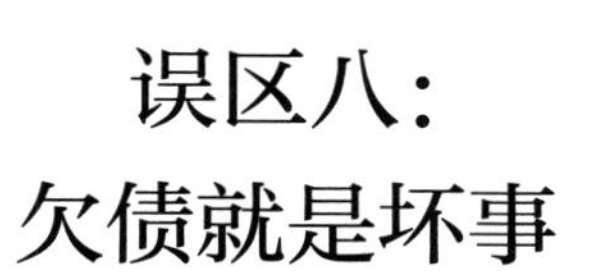

误区八：欠债就是坏事

许多金融专家都建议人们视债务为瘟疫，最好避而远之。我认为这一观点看起来并无不妥，但它的问题在于民众对债务的普遍认知有所偏差。大多数人都不了解在会计意义上债务的定义，只知道债务的通俗定义——亏欠他人即为债。但如果对债务这一概念都没有准确的了解，那又何谈有效避免债务呢？

许多人害怕负债是因为他们不了解债务的专业定义。了解债务和负债的专业定义，一定会为他们的生活打开一扇新的大门。

误区：	**真相：**
债务都是糟糕的、危险的、可怕的。应当远离债务。	了解债务和负债的区别，巧妙管理和运用债权债务，发家致富。

了解债务

人们对债务的误解带来了压力和金融界的争论。在我的YouTube频道（Garrett.live）上，[17]观众对债务（尤其是按揭贷款）这一话题发表的意见最多，参与度也最高。评论区大多人都认为所有债务都是糟糕的。人们确实应当避免负债，但大多数人都对债务有错误的认知和定义。当贷款金额超过贷款所附资产的价值时，债务就会出现。例如，在贷款没有附加资产的情况下，借钱消费就会产生消费债务。

负 债

指所有经常性开支，包括许多我们可能认为是债务的款项，如按揭贷款、车贷、小企业贷款等。财富游戏的重点不在于尽可能多地摆脱负债，而在于确定哪些负债是消耗性的（消耗的价值多于增益），哪些负债是生产性的（提供的价值多于消耗的价值），然后着力增加生产性负债。

贷款和债务之间是有区别的。债务是一种机能，是资产和与之相关或附加的负债之间的关系。例如，如果某人有25万美元的按揭贷款，但其房屋价值50万美元，则他没有债务。但如果贷款数额为50万美元，而房屋价值仅25万美元，那么他就有25万美元的债务。大多数人都会说这个人背负着25万美元

的债务，但了解了债务的实质我们就会知道，债务不分好坏，只论有无。

债务

指负债超过资产的状态。债务与负债不同。从会计的专业角度而言，只有在负债超过资产（收入及潜在现金流的来源）时才会产生债务。

大家常常存在误解，但事实上并非所有的贷款都是债务。贷款可能是债务的来源，但贷款人也可以没有债务。那么贷款和债务有何不同呢？资产价值超过其所附带的负债时就产生了资产净值。资产净值有时被称为“良性债务”，但这一说法不但令人困惑而且不正确。

资产净值

资产价值大于负债价值的状态。

如上所述，贷款人是否负债完全取决于贷款所附的资产。

提及债务，最重要的问题就是资产创造的收入能否超过支出。如果资产不能创造现金流（即经常性收入），那么资产净值可能会面临大幅缩水。资产具有潜在价值，该价值与欠款之间的差额就是资产净值。如果资产净值不能转换为现金，甚至不能转换为现金流，那么某种程度上它就一文不值。

你的贷款是否产生了正现金流?

资产伴随着负债。税收、费用、管理成本、贷款金额都是负债的表现形式。负债会产生持续费用，因此了解资产负债表和损益表就非常关键。资产负债表记录了资产和负债，损益表记录了收入和支出。

收入多于支出就会产生利润，支出多于收入就会造成损失。资产多于负债就会产生资产净值，负债多于资产就会形成债务。拥有债务者仍然可以有正现金流，这意味着资产带来的收入超过了贷款所需的费用。另一方面，从专业角度讲，在支出多于收入的情况下，净资产仍可为正。净资产就是这么有欺骗性。

为了更准确地了解财务状况，你应该关注资产负债表中资产与负债的关系以及损益表中收入与支出的关系。由于退休规划师专注于长线发展，抱有一劳永逸的心态，因此大多数退休规划只着眼于净资产或资产负债表，而将损益表置于脑后。

倘若你无法管理和改善自己的损益表，你可能还没有为退休做好充分的准备。

在资产没有创造现金流的情况下，你可以选择其他资产类别，重新分配资金，或直接停止再投资，取出现金另谋资产，寻找从第一天起就产生正现金流的资产。做到这一点需要你打造自己的投资者基因，知道如何分析机会和管理风险。为了将风险降至最低，必须建立尽职调查的流程、对接合适的律师和资源，并能驾驭不同经济体。形势大好时赢利并不难，但你应当未雨绸缪，考虑市场转型、经济衰退和市场动荡对负债产生的影响。

当负债导致债务时

负债可能导致债务。如果借钱进行消费或为正在贬值的资产贷款，那么所欠的款项可能很快就会超过资产的价值。借钱投资（即使用杠杆）需谨慎。借钱之前应当先考虑两个关键因素：管理风险的能力和心态。读到这里，你应该已经意识到：风险管理和自身的投资者基因（投资知识）、流动性（资金的获取）、退出策略和市场行情有关。市场上行时，借来的钱或许轻而易举就可以产生收益；如果市场不景气，那么很可能入不敷出，最终无力偿还贷款，更别说创造收益了。

2002—2007 年间，我从银行借了一大笔钱购置房产。我把房子出租了，虽然用租金收入还贷并不费力，但租金并不能覆盖负债（贷款）费用的全部。我对此不以为意，因为该时期房产升值很快，出售一些房产足以弥补负现金流。

2007 年，我的 100 多处房产可以实现 20%~100% 的收益。

2002—2007 年，与我的房产贷款相关的持续负债都是可控的，但贷款规则却在 2008 年发生了重大变化。投资者大量买进房产，但刚需购房者却无力承担房屋贷款。一夜之间，房地产市场涌现出庞大的供应量。投资者并不持有房屋的产权，手中的房产也不易出售，因此贷款难以缴清，面临停顿，投资者也无法获得额外的贷款。由于市场遭遇贬值，他们无法出售房产，于是困于负现金流中，大多陷入负债的境地。随着他们对房产进行抛售和卖空，因未能按时还贷而被取消房产赎回权，大量房产价格呈现跳水式大跌。我也在其中蒙受了巨大的经济损失。

对许多房地产投资者而言，这是毁灭性的打击。许多人在经济上遭到重创，为自己让家人失望而感到极度内疚。这种情绪是背负债务者的普遍反应，他们不想让旁人知道自己的处境，所以花费大量时间独自思考、忧心忡忡。2008 年的沉重一击让我最终负债累累，背负了大量抵押贷款，财产价值发生变化，现金流为负。我花了几个月的时间试图自行应对这场变故，在这段时间内损失了数百万美元，但最终还是没能成功挽回局面。直到开口寻求帮助时，我的财务和心理健康状况才开始好转。

我的姐夫德里克（Derick）在和我会面时说："即使冒着逾期或者信用重估的风险也要想尽办法留有存款。"因为储蓄可以为生存和日常开支提供空间。从那以后，储蓄也成为我的一个习惯。

我还和作家兼导师克里斯蒂安森谈心了。我们促膝长谈了一天，他向我展示了应当如何转变重心、卷土重来。我们制定了一个计划，将 75% 的时间投入到我能力范围内效率最高的事情——远程研讨会上，实现现金赢利的最大化。我会专注于与人接触、创造价值，而余下的 25% 的时间用于解决财政问题。

在继续寻求帮助的过程中，马克·卡明（Mark Kamin）顾问建议我和银行进行沟通。诺姆·韦斯特维尔特（Norm Westervelt）顾问则在和银行沟通的过程中为我提供了帮助。

资源匮乏时，独自思考很容易导致你陷入困境。在深陷债务危机或财务状况极不稳定时，大家可以思考一下认识的人中谁能为自己提供帮助？谁能一针见血指出问题所在？谁能为自己和走出类似遭遇的人牵线搭桥？

最终我放下了面子和尴尬，与银行进行谈判。谈判结果是自己的杠杆错误并没有让银行彻底失望。我没有放弃，积极寻求帮助，如今已经掌握了新知识来帮助自己避免错误，并且具备了管理风险和更好地度过金融危机的能力。

杠杆的益处

在通货膨胀率高的时期借贷是有一定优势的。前期通过一次性支付的贷款可以取得更有价值的资金，将这笔贷款分摊至后续的年份进行偿还，而美元在未来则会因通货膨胀而贬值。这样一来，随着时间的推移，还清贷款就会变得更加容易。如果借款人能够将这笔钱用于明智的投资，那么这笔钱就会创造收益。但进行明智的投资谈何容易——用借来的钱进行投机会造成风险、损失，并形成不良习惯。在借款进行投资前，请确保自己已经可以抵御下行的风险。如果杠杆会导致借款人失眠或过度忧虑贷款所得资产的状态，那么请记住：内心的安宁比潜在的回报更重要。

大多数人都不愿意通过借钱投资。如果投资失败，那么借款人还需偿还贷款，就会产生真正的债务。如果能够通过投资获取现金流或者在实际价值高于售价时进行投资，那么投资者就能够拥有净资产，而且用的是别人的钱。

《杀死圣牛》一书中没有过多地阐述借贷投资的缺点。如果借贷会破坏人际关系、损害健康或导致借贷人心烦意乱，那么借贷就不值得了。你本人才是最宝贵的资产，过度的匮乏和忧虑会导致工作效率降低，并且机会成本也很高。

我只有在自己的稳定币、现金价值等流动资产能够支付贷款时才会借贷。大家不必效仿，我所记述的投资方式也未必全部正确。重要的是要有自己的投资逻辑，否则很容易被诱惑而偏离原有的计划。不清楚自身需求的投资者很容易受到推销人员的影响。财务策略的设立需要切合个人情况，需要经过审慎的考量。这不仅与经济学有关，也与心理状态有关。

我只有在贷款利率低于当下的储蓄或投资收益时才会借贷。目前，我的住房贷款利率为 2.75%，现金价值的红利大约为 4% 或更高，这取决于我开始投保的时间。如果我愿意的话，我完全可以在下周还清房屋贷款，但将资金用于现金价值的收益率显然高于支付抵押贷款的收益率。我并不对这种方法怀有忧虑，因此选择保留贷款。

除了自身的心理状态之外，你身边其他人对于按揭贷款的心理感受也很重要。

还清贷款

偿还贷款方法众多，但了解方法和目标之间的区别至关重要。如果贷款人想要尽快还清房屋的抵押贷款，那么这就是他的目标。但最安全、最有效的还款方法是什么呢？这完全取决于他的资金成本。

如果你想要尽快还清房屋抵押贷款，那么这就是目标。

如本书第九章所述，资金成本是本金可赚取的最高净可持续回报。举个例子，如果按揭贷款利率为 5%，而储蓄利率只有 1%，那么再融资、增加首付款、提前偿还按揭贷款就有意义。

然而，在这种情况下，你的每笔还款都将被净资产所套牢。换句话说，从银行取回这笔钱需要进行再融资，甚至是进行二次抵押贷款或拿出房屋净值信贷额度。如果某种方式的收益率能够保证在5%以上，这种方式就可以自然赢利，支付最低按揭金额，控制资金，实现税收优势的最大化。

增加还款额度和缩短贷款时长是节约利息的常见方法。但要在真正意义上节约利息，就先要认识到我们总是在支付利息。借贷需要向银行支付利息，使用自有资金就意味着失去了赚取利息的权利。两者都有利息成本。尽管我鼓励投资者先行寻找能够更好控制资金的方案，但在无法确定投资方向和投机的情况下，增加还款额度可能是最佳选择。

以上是对目标的考量，还贷的方式多种多样。下面我将详述方法：

1. 现金支付。当下能够使用现金付清房款的人极少。由于拥有大量现金的人行动果决，因此他们可以在价格谈判中掌握主动权。我曾因为现金不足错过了一些机会，也曾因为现金充裕而抓住了一些良机。我们需要考虑自身的投资者基因和资金的流动性。为房产锁定资金有意义吗？还清房贷带来的内心的平静对自己而言真的更重要吗？

2. 缩短还款时长。借款人可以将按揭贷款的贷款期限由30年转换为15年，从而更快地还清贷款。这种方法的优势是需要支付的利息更少，缺陷是现金与房屋净值绑定导致月还款额度更高、资金流动性降低。你还是要思考对自己而言最重要的是什么。手头拥有更多现金和还清房贷相比，哪种情况会让自己更加安心？

3. 增加还款额度或每两周还贷一次。增加还款额度能够帮助借款人在更短的时间内还清贷款，支付的利息也更少。增加还款额度的一种方法就是将还贷频率从每月一次改为每两周一次。由于一年有52周，而非48周，因此如果每两周进行一次还贷，每年就会额外支付一笔还款。这种方法当然能够帮助借款人更快地还清贷款，不过是借款人支付了额外的款项，而非因为什么神秘力量。借款人也可以选择将这笔额外的款项存入一个利率与按揭贷款利率相近的生息账户，保留所有的税收优惠和对资金的控制权。这种方法也能早日还清贷款。

4. 延长贷款期限，节省差额。我建议延长贷款期限以获得最低的月供，节省差额并控制资金。在现金短缺的情况下，资金流动性更高、月供更低的效果大不相同。注：为了避免私人按揭保险，我通常支付的比例都在20%以上。

投资不必执着于以股票、债券和房地产的方式进行。在有贷款且对于自有资金没有明确规划的情况下，可以选择还清贷款，但一次只做一件事。以现金流量指标（贷款余额除以每月最低还款额）为参考，从现金流量指标最低的贷款还起，在还清该笔贷款之前，其他贷款都只按照每月最低还款额度进行偿还。这种方法能够在最短的时间内释放现金流。

由于当下利率较低，因此对贷款进行重组从而获得更佳的利率也不失为一种方法。从波动较大或表现不佳的投资中重新分配资金偿还利息更高的贷款也是稳赚不赔的买卖。请记住，我在本书第九章阐述过，你可以调整贷款结构、重新协商利率、重新分配贷款。

包括可视化资产负债表和损益表示例在内的更多债务相关信息，详见我撰写的《杀死圣牛》，你可以在 WealthFactory.com/disrupting 网站免费下载该书。

创造更多价值

债务意味着负债的心理会引发充满恐惧和担忧的稀缺心态，获得资产的机会也会因此无限减少。人们能否消除生活中的负债、高效地工作呢？在我看来这种可能性微乎其微，这也是债务的概念常被误解的原因。人们确实不希望承担真正的债务（即负债多于资产），但愿意承担对实现高效工作、价值创造和生活有益的负债。

归根结底，远离债务唯一的方法就是创造出超过我们的消费的价值，或者换句话说，提供更多服务而非被服务。我们可以思考应当如何通过识别和满足他人需求来创造价值，进而避免债务。然而现实生活中我们常听到的关于债务的建议与之截然相反。这些建议将重点放在减少开支和在资源匮乏的环境中生活，却忽视了产出。

第十二章

误区九：
资产安全

真正的资产安全不来自政府、公司、福利或资助，而是来自我们自己。只有为自己的财富负责，警惕虚假安全，才能实现真正的安全和自由。

误区：	**真相：**
资产安全意味着稳定的薪水和福利。人们理应从公司、政府或其他人那里获得保护和福利。	人们此生唯一的安全感来源就是我们自己。与那些依赖外力的人不同，我们可以使自己真正安全。

财务自由与经济独立

明确自己的唯一目的，就能创造安全感。当你知道自我的价值时，你就可以更轻易地创造价值。拥有储蓄和资产可以使你在财务上更有安全感，但是你提升自我、服务他人和解决问题的能力会创造更持久的安全感。将存款转化为人际资本意味着有更多的人脉可以支持你，也可以创造更多的安全感。稀缺心态会破坏安全感，扰乱决策过程，诱导人们产生错误观念，影响人生价值的实现。

财务自由和经济独立都是确保资产安全的关键因素，但二者有所不同。财务自由是一种心态，财务自由是指金钱不再是做或不做某事的主要考量或借口。经济独立意味着有足够的现金流来支付开销。若经济上独立，你就有了坚实的基础，可以自由安排生活。

经济独立来自现金流动资产或企业的经常性收入。哪些类型的投资可以带来持续现金流？如果无须自己每天参与，还能够确保经常性收入吗？房地产、税收留置权、硬通货贷款、派息股票、抵押稳定币或其他加密货币——这些都是创造现金流的方式。

你的投资者基因是什么？你为了实现经济独立，想把时间用在何处？

你可以从现有资源开始规划。你有闲置资产吗？也就是那些不提供现金流反而将其累积起来的资产。退休计划，共同基金或任何不能创造定期、稳定现金流的东西都可以转化为现金流资产。关注现金流，可以建立一个基金，随着时间的推移，无须投入太多精力就可以支付自己的费用。这将提升你的资产安全，使你拥有良好的心态和信心，能够专注于最重要的事情。

若你实现了经济独立，就无须为生活奔波，有更多自由去做喜欢做的事情。

不做企业家，同样可以实现经济独立。并非每个人都注定要成为企业家。创办或收购公司需要对不确定性有一定的风险容忍度，如果从事的投资项目与你的投资者基因不符，就会招致风险，并威胁金融安全。

经商并不适合所有人，这是好事。这个世界不能只有企业家，否则由谁来执行任务呢？一个团体的运营需要各种技术人才，但如果没有人专注于执行，就不会有团队机构。在执行工作任务的同时，人们可以提出一些针对企业管理的想法和策略，试着和老板谈谈，询问他："如果我能为公司的利润做出贡献，能不能分一杯羹？"你要运用聪明才智去找寻增加收入的方法。

让我来举一些积极参与的例子。几年前，我和我的团队共同开发了一款名为"财富书"（The WealthBook）的产品，这是一款集书籍和视频播放器的装置，设有 9 个按钮，每个按钮对应选择不同的内容，包括税收策略、现金流策略和案例研究。每售出一个"财富书"，团队就能获得一定的提成。

有无数种方法可以整合业务策略。以我们的团队为例，任何成员引进的新战略关系伙伴，只要可以进行宣传或者支持我们，都会获得一定比例的业务分成。

有些企业有职工股权计划（ESOPs），员工可以拥有股票并参与分红。即使你是一位全职雇员，也可以做一些副业，用技术能力赚取额外收入。

现金储备与动荡

我的两位客户，麦克·甘巴科塔（Michael Gambacorta）和托里·甘巴科塔（Torri Gambacorta）夫妇，他们均为医生，居住在卡罗来纳州。那里曾发生过一场毁灭性飓风，从那以后，他们被迫关闭办公室，节衣缩食度日。他们没想过也无法帮助任何人，因为自己也是步履维艰。一旦恢复元气，他们决定必须做出改变，化被动为主动出击。从那时起，我与他们一同努力，着手储备安心基金，通过适当的保险结构转移风险，专注于为公司创造经常性收入和资产现金流。我们进行了一次完整的财务健康评估以发现他们的财务盲点，以及财务计划中已处理和未处理的内容。

几年后，毁灭性的飓风再次来袭。甘巴科塔一家 45 天未能开门营业，但他们资金充足，顺利渡过难关。在那段时间里，由于有更多安全感，他们仍可以高效思考。

他们不再为生存而挣扎，而是拥有了更多的资源；他们没有被恐惧感和不确定感所吞噬，而是能够专注于创造价值。由于 45 天无法给病人开诊，他们创办了一个网站，开始着手写书，并理顺了康复中心工作流程。在 6 个月内，他们从这个中心获得了每月 10 万美元的收入，可就在上次飓风期间，他们还处于稀缺状态，难以生存——这就是稀缺感和丰富性、主动性和反应性之间的区别。遇到威胁的时刻其实也是机会来临的时刻，保护好自己的心态对提高生产力至关重要。

在第二次飓风期间，因为有足够的积蓄，甘巴科塔一家生活富足。如果他们没有至少 6 个月的储蓄，就可能陷入匮乏窘境。在经济动荡、政治环境欠佳、流行病爆发和其他让大多数人措手不及的重大事件发生时，没人知道世界将走向何方。

有些人抱怨储蓄账户赚不到任何利息，也许确实没有直接收益，但其实是有外部回报的。人们有一些积蓄时，会更加安心地应对短期动荡，专注于创造价值和提升生产力，有精力和时间思考和重新安排下一步计划，而非感到惊慌失措。

请勿把这 6 个月的积蓄当作应急基金，它是一笔使你安心的基金。非紧急情况，请你不要动用这笔资金。它或许是翻身的机会，或者仅仅是为了保护你的心态。只要你有了流动资金，就能应对意外。你可以休息一段时间，照顾好自己或家人的健康，或者进行一次重大的转变。拥有一笔安心基金或经济独立，就不需要为了明天的生计奔波了。

我们都在为财务上可能出现的意外做好准备，而你可以用本书中介绍的策略来应对 90% 以上的意外。

打造现金流

你已经充分了解现金流——拥有资金或现金——是保护自己的一个重要方法。当不可预见的情况发生时，现金会提供持久的力量。人们不必忙碌奔波或做额外工作补贴家用，可以有时间关注家庭、自身以及你的健康状态。

你可以在家里的保险箱里放一些现金，在银行里存一笔钱，或者投一些现金价值的人寿保险。你可以考虑在数字钱包、保险箱或交易所中存储至少一个月的开销，也可以使用美国硬币（USDC）这样与美元挂钩的稳定币，在 BlockFi、Nexo.io、Celsius、Circle 等加密借贷平台赚取利息。如果想对冲通货膨胀，你可以在保险箱里存放一些黄金和白银，也可以考虑比特币。这些比现金、现金价值或稳定币更具波动性，所以在购买黄金或比特币之前，至少要有三个月的储蓄。

你可能会想，哪里能得到需要的钱？我在此重申一下，你可以通过修补财务漏洞和提高收入效率来实现，可以重组贷款以降低还款额度，并将差额配给到储蓄中，也可以把表现不佳或波动较大的投资套现，以偿还贷款或积累存款。你应该想办法赚更多的钱。你该如何通过创造更多的价值来提高收入以增加现金流和流动性？你该如何利用人际关系和精神资本等未开发的资源带来收益？

最强大的保护

保护资金和真正实现经济独立的最强大工具就是“爱”，但通常人们不会把爱和创造财富相关联。人们似乎觉得把爱和资产安全关联起来是一件很突兀的事情，但请听我一一细说。

大部分人认为如果彼此相爱，会无隐私可言，会将双方置于危险的境地。但实际上，恐惧才会破坏这种保护。当我们感到恐惧时，我们会觉得孤立无援，对外界充满怀疑。而爱是全方位的保护，让人们信心倍增、相互支持，实现心中的愿景，挑战不平凡和令人不悦的事情。一路上你纵然会犯错误，但仍然有相爱的人给予你拥抱和支持。

我在之前的章节中，提到过 2020 年 12 月的那场家庭聚会。那段时间，家人们开诚布公地谈道：“我们不必独自经历这些事情。我们是一家人，可以共同分担。担心对任何人都没有帮助，所以咱们一起来谈谈吧。你的烦恼是什么？你觉得你在哪方面有负担？”

父亲后来对我说：“我现在感觉轻松多了。”我们都意识到每个人身边都有许多家人的爱护、关心和支持。这使得大家信心十足，制定崭新计划，全身心地投入事业。

假如明天生命走向尽头，你会向最重要的人表达心声，表达对他们的爱意吗？你会敞开心扉与他们一起走出内心长期压抑的痛苦吗？治愈了过去的创伤和苦楚，你会油然生出安全感和富足感。你一定会重拾信心并过上美满的生活。

你是否有所隐瞒？后悔和风险来自互相隐瞒，来自怠于询问关心，来自缺少沟通。若为了保护自己而压抑自己，就会泯灭人性。

你会向谁敞开心扉？你会在何处倾注无私的爱？你在倾诉爱的途中可以收获更多关爱，治愈那些稀缺感——认为自己不配拥有爱，不值得爱、不够可爱或缺乏价值的想法。充满爱意的人会制造出更多欢声笑语和积极能量来帮助人们。

有时，由于害怕被拒绝和抛弃，人们无法享受源自爱的满足感。倘若不爱自己，我们就没有表达爱的自由，这注定会失去一切——包括那些深爱我们的人。

若我们能走出误区，明白资金安全不仅仅来自金钱，还源自自我价值，源自实现自我价值和彼此关爱，我们就可以从恐惧、怀疑、担忧这些导致稀缺感的负面情绪中解脱出来。

第十三章

通关赏金：加密货币

本章合作者：科里·沃特（Corey Wert）

随着科技的飞速发展，加密货币（更确切地说是它底层的区块链技术）将成为有史以来最大的经济巨变。在重构金融观之前，了解加密货币尤为重要。本章的写作目的并非完成一篇加密货币的学术论文，而是为你们构建一个基本框架，以便能够更好地了解并抓住这个千载难逢的机会。

在相对较短的时间内，加密货币已经摆脱了在暗网中不可见光的身份，开始在主流市场流通。部分公司的资产负债表中已经出现了比特币和其他加密货币。一些创新公司也紧跟趋势，使用区块链技术作为运营基础。连规模高达数万亿美元的财富管理行业都一改往日基调，将加密货币纳入其备选的投资产品范畴。

但加密货币带来的干扰不会被忽视。随着各方对加密货币的兴趣日益增长，机构和零售方对区块链技术逐渐接纳，社会权力机制开始感到隐隐不安。各国竞相建立本国的数字货币。银行强烈要求发展自有的中心化区块链，将加密货币代表的去中心化金融逐出市场。政府也紧锣密鼓地对不受监管的去中心化行业进行了整顿或取缔。未来事态如何发展仍需观望，但确凿无疑的是，我们正在另一场数字化干扰危局上如履薄冰。区块链将永远地改变我们的生活。

了解区块链

要想正确认识区块链，我们可以从与之类似的互联网开始学习。互联网建立的初衷是为学术机构搭建信息共享的网络。彼时，无人知晓它将会在未来渗透到人类生活的方方面面，彻底改变世界运作的方式。它给大型产业带来了翻天覆地的变化，而没有跟上这些变化的人终将被时代抛弃。电子商务征服了曾令诸多竞争对手望尘莫及的零售业；流媒体服务改变了文娱领域的格局；新闻变得触手可及；社交媒体改变了人际交往的方式；科技公司成为世界上最值钱的公司。如今，互联网的地位举足轻重，最早进入该领域的有识之士们已赚得盆满钵满。

但还有许多人未曾意识到，下一场风暴已在酝酿之中——这个行业将再度迎来更大规模，甚至是颠覆性的巨变。这场风暴就是 Web3①，区块链技术是它背后的驱动力。

那么，区块链究竟是什么？它是一个交易数据库，其中的

① “Web3”指的是基于区块链的去中心化在线系统，而“Web3.0”是继 Web1.0、Web2.0 之后的下一代 Web，是可以在数据级别连接一切事物的 Web 版本。——译者注

交易是通过不断复制分布在整个计算机系统网络中进行的。这个去中心化数据库也被称为分布式账本技术，由多个参与者管理，是一种在经济系统中完全公开透明的开源账本。

区块链与普通数据库有一个关键的区别，那就是数据架构。区块链以组为单位收集信息，这些组也被称为块。链上的每个块都包含若干交易。每笔新交易发生时，相应的交易记录都会被记载到所有参与者的账本中。

块具有一定的存储容量。当块的存储空间用尽时，就无法存贮更多信息，通过链接到先前已经填满的块上，形成一条新的数据链，也就是区块链。每个块进入链中时都会被及时盖上时间戳。旧块封闭后，信息就会录入产生的新块中。当新块再次被信息填满时，它也会进入区块链中。

当这种数据结构以去中心化的方式呈现时，它会建立一条完全不可逆的数据时间轴。这就意味着，如果链上任意一块的数据遭到窃取或者更改，都会非常明显。在这种用串联的块建立的信息记录系统中，更改信息和欺瞒系统都很困难，这也是区块链与传统数据库的不同之处。如果黑客要想破坏区块链系统，就必须改变众多分布式链网中的所有的块。

区块链的研发目标是记录和分配数字信息，而不是对其进行编辑。因此，以区块链为基础的交易记录无法被篡改、删除或销毁。随着链上的块不断增加，区块链不断变长，账本的安全性也随之增强。区块链的颠覆性创新点在于：它为数据记录的准确性和安全性提供了保障，并且即使不引入第三方，人们也足够信任这项技术。

以去中心化金融为例，去中心化金融是一种建立在区块链上的点对点金融工具，它允许两方进行资金转移而无须银行等第三方中间人的介入。与之相比，传统的金融交易中则存在诸多烦琐之处：银行需要作为第三方中间人查验付款方的资金持有情况，资金转移需要使用特定系统，收款方需要确认收到资金。而利用去中心化金融对智能合约和分布式账本系统，交易参与方不再需要金融机构这样的中间人进行流程确认。最终形成简化操作、降低费用、合规自动化和提升结算速度等优势。

尽管目前，区块链最为人所知的原因还是其在去中心化金融等系统中扮演的重要角色，但其应用范围其实远不止如此。房地产行业就是区块链应用的成功案例。房地产猖獗的欺诈行为已经持续了几个世纪，不仅个人卖家出售无所有权的地产，银行也会发放可疑的贷款。2008 年的房地产危机导致了 2009 年的经济衰退，也恰恰为同年比特币的诞生提供了催化剂。

房地产行业的交易需要代理人、产权公司、银行或抵押公司作为第三方参与才能完成。但当加密货币和区块链技术将智能合约编入资产，代理人便不再是交易环节中不可或缺的一环。通过区块链核心的开源账户，买方可以核查卖方的所有权，于是产权公司也不再必不可少，卖方也可以通过开源账户查验买方的资金，托管账户的步骤便可以跳过。由于从加密货币贷款池中取得贷款轻而易举，人们甚至都不需要通过银行或抵押贷款公司办理贷款业务。总而言之，区块链技术可以提高房地产交易速度，降低欺诈风险，显著降低交易成本。

如上所述，去中心化金融和房地产行业只是区块链应用范围中的一小部分。它所具有的应用潜力将对未来主流产业、机构和实践产生不可估量的影响：旅游和运输、制造和供应链管理、贸易、文娱、电信、网络安全、网络化和物联网、医疗和保险、法律和政府、慈善和选举等。以选举为例，区块链可以使选举系统保证投票记录不可篡改并保留选民的匿名性，一切过程变得完全公开透明。

加密货币的产生

目前为止，我们已经对区块链的概念有了一定的认识，那么在这些精妙的系统和作为其运作资金的加密货币中，我们应当如何找到投资机会呢？我们需要先对比一下加密货币市场和传统股票市场，了解加密货币发行的原理。

在传统市场中，公司的扩张需要资金的支持，这些通常来源于以股票为对价的私人投资。风险投资（VC）往往是此类资金募集的首要选择。风险投资是私募股权融资的一种形式，投资方通过此种方式为他们认为具备长期发展潜力的初创公司或小型企业提供资金，资助这些公司雇用员工、建设基础设施以及开展更大规模市场营销。风险投资公司、投资银行以及其他作为早期投资者的金融机构都是此类资金募集的常见融资渠道，其他常见方法还有通过首次公开募股（IPO）上市、向公众发行股票。

而区块链公司筹集资金的方式则是首次代币发行（ICO）。它和首次公开募股都标志着公众首次获得购买“币”或股票的机会，投资者也借此展现对公司的信任，希望早日参与公司发展并从其后续发展中受益。

首次公开募股和首次代币发行的底层逻辑相似，但过程不同。首次公开募股是高度规范化的，有着系统化管理，而首次代币发行在某种程度上则具有很强的自主性。项目团队会在系统中提交项目计划书，对项目的基本概念和运作方式进行介绍。随后，团队通常会公布营销计划，让公众留下深刻的印象进而参与投资。在此阶段，投资方可以给项目投资币，参与首次代币发行前期众筹，因而与私人投资有相似之处。在此期间，公司通常会以折扣价发行币，筹集推进项目所需的资金。自从发售投资币开始，公司就可以在Binance、Coinbase、Robinhood等交易所上市，从而获得更高的曝光率，吸引更多人投资。当然，以上仅仅是对首次代币发行运行机制的概述，希望能够帮助你对加密货币的产生和上市积累初步认识。实际过程要比本书所述复杂许多。

尽管首次公开募股和首次代币发行的目的都是面向社会公

众筹集资金，但二者间仍然存在一些差异：在首次公开募股中，对公司的估值是彻底研究公司账簿和业绩后的产物。而首次代币发行并非如此，它严重依赖炒作和投资者情绪。首次代币发行不受监管，在投资时必须认真谨慎。加密市场带来的回报太过丰厚，引诱着投资者内心的贪欲，因此诈骗案件频发。很多区块链公司使用"拉地毯"（Rug Pull）[①] 骗局引诱投资者入局，然后卷走投资者资金。因此，对于处于早期阶段的项目，有意向的投资应当对其进行深入研究和尽职调查。

这种"币"除了可在交易所购得，也可通过挖矿获得。挖任意一种使用工作量证明（PoW）共识算法的加密货币都可以直接开采到，而使用权益证明（PoS）或其他共识算法的加密货币只有通过购买才能取得。

比特币正是采取工作量证明共识算法的加密货币，我们就以它为例来解释什么是"挖矿"。挖矿是新比特币进入市场流通的过程，也是对新交易进行确认、核查的过程，被称为"工作量证明"，因而在区块链的账本维护、开发和安全中均扮演着关键角色。矿工们为比特币网络提供硬件支持，帮助解决复杂数学方程的运算。率先得到答案的计算机就会被判定为挖矿成功，获得该区块的比特币。矿工可在交易所出售这些币，收回挖矿成本。

① "拉地毯"骗局是一种恶意行为，指加密货币开发商引诱早期投资者购买代币，然后突然放弃项目，卷走投资者的资金。——译者注

每一个区块奖励的比特币数量会随着时间的推移发生变化。每挖出 21 万个块，就会发生一次“减半事件”，即每个块对应奖励的比特币数量减少一半。软件开发者希望借此遏制比特币的通货膨胀。

在加密货币发展的初期，笔记本电脑即可胜任挖矿工作，但随着时代的发展，现阶段的挖矿工作需要在先进的硬件设备上进行。同时，大公司也开始挖矿，他们使用昼夜不停运行的大规模服务器群，大大提高了挖矿的成功率。

尽管我认为目前挖矿对普通人而言并非是切实可行的致富方法，但理解这一重要概念却能够帮助你更好地了解工作量证明算法下“币”的生产原理。现阶段，加密货币行业正在寻找比能源密集型算法更加环保、更可持续的算法，权益证明就是备选方案之一。

加密货币和投资者基因

投资者应当如何在这个领域寻找到合适的机会呢？正如加勒特所说，了解自己的投资者基因是非常重要的。加密货币领域中包含上万种加密货币，去中心化金融、非同质化代币（NFT）、模因（meme）币、游戏和元宇宙等令人眼花缭乱的市场都可供选择，蕴含着无限的商机。

进入这个领域之前，投资者须首先评估自身风险并据此制定计划，这和传统市场投资并无不同。我给你们的建议是，只在自己了解或愿意学习的领域进行投资。

房地产能赚钱吗？金融市场能赚钱吗？进行自我投资和产出能赚钱吗？这些都是可以的。但如果投资目标过于分散或对投资领域一无所知，则很可能会一败涂地、惨淡收场。

目前，加密货币仍处于早期阶段，因而与 20 世纪 90 年代的互联网泡沫阶段有诸多相似之处，他们都孕育着许多高速发展的项目，着实令人兴奋。但我也深知，并非所有项目都能持续发展。在决定是否对加密货币进行投资前，投资者首先应当确定它与自身的投资者基因是否相契合。

在投资之前，我通常从以下几个方面考虑该项目与我的匹配程度：现实生活中的实用性、成功案例、优秀的领导团队、储备币的最大值以及清晰的发展规划。

如上所述，区块链世界中的加密货币是人类数字化进程的下一阶段。过去，信息传输媒介曾经从模拟信号转变到数字信号，发展出了全新的用户体验。这场突如其来的变革是彼时的人始料未及的。与之不同的是，从 Web2 到 Web3 的下一次变革却是有迹可循的。接下来我将呈现一些案例，告诉大家区块链的哪些优化得到了全球范围的认可以及哪些公司在此领域不断创新。（此处并非我给出的投资建议，引用完全出于教学所需，仅为说明观点。）

第一个例子来源于提供视频流媒体服务的 Theta（美国奈飞

公司就是知名的流媒体播放平台）。Theta 的开发目的是改变视频流媒体行业的现状。在当下环境的驱使下，严重的中心化和高成本导致终端用户体验较差或付费价格过于高昂。内容创作者不能与终端用户直接联系，绝大部分利润被第三方中间人卷走，因此创作者们往往收入微薄。Theta 的出现为创作者与最终用户提供了更为紧密的联系。目前，三星已经成为 Theta 的合作伙伴，其设备的本地应用中则包括 Theta.tv，Theta 因而走进了千家万户，其投资者也因此获得巨额收益。

第二个例子是 Filecoin，一个由区块链驱动的去中心化存储系统，开发目的是给云存储行业带来改变。普通的云存储公司享有用户数据的所有权，而 Filecoin 的去中心化属性则让用户成为自身数据的管理人，数据网络因此更易于访问且更难被窥探。

第三个例子是 Syntropy，其开发目的是解决安全、隐私、管理和性能等当前互联网框架中普遍存在的问题。此项目亦采取去中心化模式，尽其所能对互联网进行优化，使之具有更高的私密性。

第四个例子是 Vechain，一个立足于供应链和物流业的创新项目，而这个领域已有数十年都未出现重大创新。迄今为止，Vechain 为供应链大幅提高工作效率，加强物流追踪能力并提升了内部数据追踪的透明度，因而吸引了诸多客户，其中不乏星巴克、宝马和麦当劳等行业巨擘。

第五个例子是 The Graph，一个用于查询区块链数据的索引协议的项目。它驱动了许多去中心化金融和 Web3 生态系统，成为“区块链领域的谷歌”。以太坊（Ethereum）的创始人维塔利克·布特林（Vitalik Buterin）曾公开表示 The Graph 是他最喜欢的项目，他认为该项目的效用会随着区块链生态系统的持续扩张而不断增加。

但上述几例一定会成为最后赢家吗？不一定。谷歌并非最佳搜索引擎，脸书也并非最受欢迎的社交媒体平台。我们无法预测是否会有黑马横空出世占领市场，但在未来 5 到 10 年，它们的发展不容小觑。因为它们都专注于在拥有广大用户群体的服务领域进行创新，试图改变这些收益十亿甚至万亿美元计的行业，这实在是勇气可嘉。

在选择投资项目时，除了关注他们与我自身的匹配度，我还会有意避开不愿涉足或支持的市场，例如元宇宙。元宇宙是罕见的全新事物，无疑将会推动全新社会行为的产生。正如互联网改变了我们获取信息的方式，社交媒体改变了我们交际的方式，虚拟世界在渗入日常生活时也将不可避免地发展为一个规模巨大的行业。脸书看到了这个机遇，更名为 Meta。顶尖的服装和奢侈品牌开始购买其中的“土地”并购置虚拟财产。近期，业内领先的平台 Decentraland 就为数字土地发行了第一笔抵押贷款。元宇宙将打造全新的数字化商业世界，且终将彻底融入我们的日常生活。但是，不加约束地使用元宇宙将破坏整个社会以及社会关系。虽然目前元宇宙的世界离现实生活仍有一定的距离，但我仍然选择放弃对它的投资。元宇宙市场会赚钱吗？会，但它并非唯一的致富通道。因此，相比有可能导致社会倒退的元宇宙，我更愿意投资能够推动社会前进的科技。

评估价格潜力

在锁定与投资者基因相契合的项目后，我会用一个简单的等式评估硬币的价格潜力。现实生活中，当然有许多因素都会影响市场上资产价格的预测：订货簿、市场动态、新闻周期、社会情绪，还有加密货币世界独有的马斯克的推文。而我在本书中提及的评估并非对某天或某时间段市场价格的预测，而仅仅是对加密货币潜力的衡量。

以比特币为例。比特币的供应量小而有限，最多只能铸造2 100 万枚比特币，专家预测最后一枚币将于2140 年铸造。由于人们将逐渐无法访问存有币的数字钱包或硬盘驱动器，部分币会消失。在彻底结束铸币后，预计实际流通的币为1 800 万枚左右。截至我撰写本文为止，已出现比特币的数量约为1 900 万枚。

在对比特币的价格潜力进行评估前，我们需要建立一个简单的供需经济模型。如果对资产需求的增长快于市场供应的增长，价格就会上涨。近年来，市场对比特币的需求日益增加，其价格也因此一路飙升。反之，若比特币供应的增长速度大于其需求的增长速度，则通胀将对比特币的价格产生抑制作用。随着新币的铸造量将迅速下降（未来的120年中将有200万枚币进入市场），若市场对比特币的需求仍旧持续，则该币将进入目前无法想象的潜力阶段。

这一公式可以计算加密货币的潜在价格：

价格 = 市值 ÷ 流通供应量

若需求增加带动市值增加，且资金大量涌入，而流通供应量不变，价格则会上涨；若市值不变且流通供应量增加，即更多的铸币流通入市场中，价格则会下降。这一假设非常简单，但在宏观层面上对比特币价格潜力的评估却有奇效。市场上比特币的价格可低至几分，也可高至上万。如果你曾对如此大的差距感到困惑，那么这个公式正可解释其原因。没有了解市值和供应基本原理，你就无法对币的价格潜力进行评估。

我将以狗狗币为例做进一步阐释。2021年是狗狗币飞速发展的一年。在短短两个月内，狗狗币的价格就从5美分左右飙升至70美分，造就了许多百万富翁。

狗狗币是模因币的一种，其价格上涨的主要原因是投机行为和社会情绪，而非现实效用。2017年，狗狗币的创始人推出该币，旨在从加密货币行业获得大量关注，在大量零售商跃跃欲试准备涌入加密市场之际，打趣投资者对加密货币的疯狂投机。这一出发点使其价格在同年 12 月市场大规模回调之前出现了历史性上涨。

在 2021 年，狗狗币的价格实现了从 5 美分到 70 美分的暴涨，并获得了 1 400% 的超高回报率，创始人却选择退出且不再支持其发展。高涨的市场情绪诚然是当时价格上涨的一部分原因，但真正使得价格飙升的是马斯克的一条推文，宣称狗狗币是其最喜欢的币。这条推文直接导致部分投资者向狗狗币投入了大量资金。

在此期间，我和加勒特有一个智囊团。前一晚，狗狗币的价值翻了一番。我就询问智囊团中有多少人投资狗狗币，有几个人举起了手。我开玩笑地建议他们立即从智囊团辞职，并鼓励他们卖出手中的币。会议休息期间，那几个人来询问我提出这种建议的原因，他们对此感到困惑，因为他们坚信狗狗币可以涨到 1 美元。其中一人甚至认为狗狗币会涨到 10 美元，并试图说服我。于是我用简单公式构建了一个模型，阐明狗狗币涨到 10 美元的条件，以证明其发生的可能性多么渺茫。

当时，狗狗币的流通供应量约为 1 300 亿枚。

若以下公式成立，

价格 = 市值 ÷ 流通供应量

则以下公式为真，

市值 = 价格 × 流通供应量

因此，若狗狗币价格为 10 美元，则

13 000 亿美元 = 10 × 1 300 亿

要使狗狗币达到 10 美元，其市值必须达到 1.3 万亿美元。对于现实效用和使用价值几乎为零的模因币而言，1.3 万亿美元无疑是一个天文数字。即使狗狗币的供应量不再增加，当时其日发行量也已经接近 1 450 万枚。根据该数据计算出的市值，狗狗币会成为全球第六大公司，介于谷歌和脸书之间。

当货币价格大幅上涨时，投资者很容易被 Crypto Twitter（推特的加密团队）和 YouTube 上铺天盖地的荒谬预测迷惑，从而失去判断力，任凭贪欲和从众心理（FOMO）大量滋生，最终决策失误，造成损失。

我常常使用上述公式计算投资潜力。市场上也有许多应用程序都可以提供自行分析所需的所有信息。希望这个简单的公式能够帮助投资者明辨是非，在评估“币”的价格潜力时做出清醒的判断。

结语

投资者要做到以下几点才能利用好这个千载难逢的机会：确定自己的投资者基因、选择你的市场、锁定有现实效用的项目、进行审慎调查。在这一过程中，你务必脚踏实地，遵循基本规律。在市场波动中，切忌感情用事，小心驶得万年船。最终结果将如你所愿。

尽管区块链和加密货币的日趋成熟给人们的产业和生活带来的改变是未知的，但我们无疑正处于一场巨大变革的风口浪尖。区块链将彻底改变世界运作的方式，而加密货币市场则是我们人生中创造财富的最大机会。尽管是横空出世，但自从加密货币诞生以来，仅比特币就已经造就了 10 万名百万富翁。[18]

这些数字很容易让你认为已错失良机。毕竟，那些更早进入该行业的人已经揽走大量财富。但事实上，我们仍处于这场变革的初期。在撰写本文时，世界上只有不到 5% 的人拥有不同形式的加密货币。就像先人曾经说过，种树的最好时间是 20 年前，其次是今天。

第十四章

创造游戏，催人进取

2017年夏季，我做了一件非同寻常的事，一件我未曾设想其可能的事。在此之前，我已经酝酿了许久，但总有一丝挥之不去的疑虑与其相伴相生。每每想到要迈出这一步，我便心潮澎湃，却也隐隐地感到不安。

这是暗藏在我心中的秘密，自18岁起就一直萦绕在我的心头。因此，当妻子卡丽问我“你想咱们全家夏日一起去意大利度假吗？”我颇感诧异。

不知为何，她与我心有灵犀。但她本来就是最了解我的人，看透我的心思也在情理之中。

卡丽描绘了一幅场景：我们一家其乐融融，心心相印，沉浸于异域风情的文化，追溯家族渊源。孩子们尚未成家，我们正在共同成长。

当我们第一次讨论去意大利夏日旅行时，似乎那是一个遥不可及的梦想。行前准备不仅是订购机票与住宿，若真想去，我还必须直面恐惧，打破束缚我们家族几代人的无形枷锁。

身为企业主，我并不知道如何在暑期休假。我将公司大权握于手中，参加活动时应对自如，侃侃而谈。这类挑战对我来说，都不在话下。但是真正让我为难的是一种更微妙、更加难以言喻的东西。

我的父辈与祖辈都是勤勤恳恳的煤矿工人，因此在我家，去别的大陆夏季旅行，休闲观光、品酒赏乐，从无前例。坦率而言，这种想法在我家堪称荒谬，遥不可及而令人生畏。

我的先辈长途跋涉来到美国，艰苦谋生，家庭自然清贫。你或许记得，我在本书第一章分享了我曾祖父比亚焦·亚昆塔（Biagio Iaquinta）的人生故事。他出生在意大利南部的一座小镇，因家境贫寒从未有机会去过其他大城市。他常年挣扎在温饱线上，更不曾得空休闲娱乐。

20 世纪初，他在意大利菲奥里的圣乔瓦尼艰难谋生，勉强维持着家庭生活。诚然，今天的创业者也说工作是为了解决温饱问题，但在他们口中，这不过是一个用来掩饰工作迷恋（某种逃避现实的方式）的借口。但对我的曾祖父来说，养家糊口却是每天必须应对的挑战，是一个切实存在的、残酷的现实。

曾祖父想方设法凑够了钱，和他的父亲、兄弟乘船前往美国，却不得不丢下怀孕的妻子独自在家。他们徒步几周时间，才穿越了意大利南部的群山，到达最近的港口。海上航行很艰苦，食物只有“蜂蜜面包”，难以咀嚼但不会发霉。他们艰难地幸存了下来，航船也终于在 1913 年 11 月 4 日停靠在埃利斯岛。

同行三人中，有两人都对英语一窍不通。他们只认识一些在犹他州中部挖矿的意大利人和希腊人，只能再度乘火车缓缓西行。最终，他们仿佛来到了世界的另一端，与他们的过往的一切远隔千里，一片陌生。

到犹他州后，矿场不幸发生了一起可怕的矿难，导致他们的工作机会受到限制。曾祖父只得开启漫长的放羊生涯，多年后才被另一座煤矿雇用。

曾祖父与家人分居两地，长期生活在强烈的经济不安全感之中。矿井的工作不够稳定、难以预测，频遭停产、矿难或罢工。但为了与家人团聚，他愿不惜一切代价。尽管收入只能勉强维生，他还是省吃俭用，将攒下的每一分钱寄给远在意大利的妻子。

他穷困潦倒，住了好几年帐篷才用积蓄买了房子，终于把妻子和未曾谋面的 7 岁女儿接回美国。

与家人分离的 7 年多，曾祖父想必日夜煎熬。他错过了女儿的出生和童年。当年他忍饥挨饿，横渡重洋，来到这个语言不通的国度谋生，住着脏兮兮的帐篷，从事繁重的工作，我很难想象那是一种怎样的感受。

这段极度贫困的经历深深地影响着他的思想，让他产生了极其深刻的物质匮乏感。这种感觉代代相传，影响着这个家族的理财观念。他的女儿，也就是我的姑奶奶，会把装满钱的咖啡罐埋在自家后院，还囤积了一大堆用不完的厕纸。祖父也在地窖的角落和缝隙里藏着卷起来的钞票。

曾经那段极度贫困的生活状况使他们深刻体会到物质匮乏的窘迫，陷入恐惧和担忧。而这种心态不仅让他们产生极端的储蓄和囤积行为，也变成了家庭轶事流传数代，最终成为传奇故事，也在后代人心中种下疑虑。

曾祖父在我还是婴儿时便已去世，但他经受的恐惧与物质匮乏，他所体会的生活艰辛则通过家庭教导我的处事哲理渗透进我的生活。这种匮乏感会限制人的视野，给未来蒙上阴翳，永远困在牢笼之中。

我们恐惧物质上可能的匮乏或因贫困而造成亲人离散，因此只能牢牢抓住手中所有。这一认知也会消磨人的精神。我的家族在这种认知影响之下，遵循省吃俭用的生活方式，热衷储蓄和自我牺牲。没错，牺牲也是我们生活的一部分。但问题在于，这种牺牲何时能停止？艰苦挣扎何时结束？

我的家族将牺牲和节俭作为唯一要旨，时刻警示着我们物质匮乏的后果。这体现在我们的行动里，融入进了我们的生存方式，似乎永远无法摆脱。幸运的是，我在另一条路看到了一线希望。

我的热情与动力大多来源于我心目中的英雄——祖父詹姆斯·安东尼·艾昆图（James Anthony Eaquinto）。（曾祖父当年到埃利斯岛后，我们家也同许多人家一样，改了姓氏。）

我的祖父在犹他州的卡本县长大，是一名煤矿工人。尽管骨子里印刻的对物质匮乏的恐惧让他也一直从事着煤矿工作，但工作之余，他也经营着一家店铺，销售与维修电视机。他还加入乐队拉手风琴，每逢周末便四处巡演。他的故事在我心中种下了未来无限可能的种子，向我证实着，人不必只为金钱而活，你可以做自己喜欢的事情，不必为金钱劳神而受此奴役，不必为了一份薪水而去冒生命的危险，不必由过去限定我的可能性（或不可能性）。我可以告别物质匮乏的生活，实现人生的价值。

因为他的“副业”，祖父在社区里是受人尊重的。有时他接到维修电话，我与他一同骑车前往，顾客们感谢他、夸赞他，甚至送他礼物。有人送他自家做的墨西哥玉米粽子和卷饼以表达感谢。他还获得过社区年度人物奖。为了建设小镇，他做了许多事情，甚至还参与了公园的建设。祖父在家中是感情黏合剂，在社区里也是倾尽其所能的好居民。

祖父为我树立了榜样，让我有勇气打破过往的模式。他鼓励十几岁的我去创业，并给予我全部的支持和鼓励。

15 岁时，我第一次创业，开办了一家加勒特甘德森汽车保养店，风险相对较低。但当我大学毕业，想要正式创业时，家人便颇为担忧，乃至恐惧。他们希望了解其中的风险。

“那工作保障呢？”

“如果不成功怎么办？”

“如果赚不到钱，你打算怎么办？”

在他们眼中，创办一家金融企业并不是一份“真正的工作”，他们为我的人生道路担忧。祖父也认为创业有潜在的风险，应当作为副业。他很爱我，也完全在为我着想，我更不想令他失望，所以他的看法与恐惧使我陷入了巨大冲突。

大学毕业后，十几家公司向我伸出了橄榄枝，但没有一家真正触动我。像美林证券、斯特朗投资（Strong Investments Inc.）、安达信这样的公司都向我提供了很好的工作机会。在教授和家人眼中，这些公司均是行业翘楚，运营稳定。但如今，它们却不复存在。

受几代人经历的影响，家人认为我应当从事此类稳定的工作以免再受创。那些曾经的阴影笼罩在全家人心头，仿佛几十年前曾祖父横渡的黑暗海浪仍在低语，又像是他远离亲人、孤独一人住在帐篷里，那些寒夜相伴的噩梦仍未散去。

这一切都似乎挥之不去，使我们杯弓蛇影，总是忌惮糟糕的事情会随时发生，比如与家人分离，或失去以如此高昂代价所换来的东西。

曾祖父比亚焦勇毅大胆，但也付出了代价。他不得不离家多年，以开辟新路。为了保障经济安全、维持家庭，他牺牲了很多，冒了很大的风险，也错失了生活中的许多美好。

过去的遗产是血泪的教训，而现在轮到我迈出下一步，创造一份全新的、真实持久的遗产了。我将追随自己的职业道路，追寻灵魂目标，主动尝试非同寻常之事，而非谋求一份稳定的安全感。

事实上，人类唯一真正的安全感来源于对灵魂目标的坚定不移。安全感并非来自银行账户，也不存在于工作中，而存在于创造价值、人际交往、务其所长中。

为了得到安全感，我做出了艰难的创业决定。毕业后的短短几个月，从前的一位导师成为我的客户，我的月收入达到了六位数。我第一时间将好消息告诉了祖父，不是为了炫耀，只是想让他知道创业之路进展顺利，一切皆好。

祖父为我感到骄傲，他将手搭在我肩膀上，潸然泪下，盯着我一字一顿地说："我很自豪。"他盼望我的生活尽如人意，也期盼我打破物质匮乏的辖制，改写家族历史。

创业之初，祖父虽替我担心，但仍义无反顾地支持我。他为我投资时间和金钱，成了我的第一位客户。我感觉到，我的选择改变着全家的财务状况，也影响着我们的未来和流传下去的故事。

即便如此，直面恐惧仍然不是易事。家人希望我一切至臻至善，但他们也不知何为最好。而对当时的我来说，这一切是全新的道路，我也不知何为最好。我踏上旅程，是为了新的未来、新的准则。我想要开启全新的职业生涯，不再以时间换取金钱。彼时的我尚未意识到，但我对灵魂目标的追随，也正是在向祖先致敬。我从家族血脉中汲取精华，真正摆脱了物质匮乏和恐惧。与此同时，我将永远忠诚于家人，给予他们和自己尊重与爱。

我选择追随心之所向（教育家、作家、喜剧演员），并因此改变了后代的命运。我所做的完全是我的钟爱，因而我永远热血沸腾，展现出天赋异禀。我选择充实的人生，家人的陪伴，友爱与激情，我的使命是一切的核心。有时，正是个人的勇敢选择，永远改变了整个家族的命运。

贫穷留下的阴影，吓退了祖父前往意大利的步伐，至今这种阴影也依旧盘踞在我的心头。对我来说，尽管职业生涯有所进展，但想要过上所追求的生活，前路依然漫长。我必须放弃执念，将生计和财富与工作解绑，充分相信无论积累的财富有多少，花时间陪伴家人才是正道。

恐惧使人画地为牢，让我们担忧、怀疑、绝望、感到困难，并可能成为影响几代人的剧本。但是只要你主动拒绝，它便弥散殆尽。

在无尽的恐惧和俗世喧嚣中，我们将很难找到使命。一旦陷入过去的羁绊痛苦之中，我们的使命亦将遗失，再也发不出自己的声音。怀疑的声音开始震耳欲聋，而忧虑则残酷无情。我们的原生家庭包含着对“可能”与“不可能”的错误定义，又会对人们产生负面影响，销其锐气，使之逡巡不前。

但对某个人来说或许绝无可能的一件事，对另一个人却可能触手可及，甚至催人振奋。由于彼此间的差异，旁人往往无法理解你的使命。所以可能性来自你的内心，来自你倾听自己、依循自身直觉，而不是任由物质匮乏或恐惧蒙蔽自我。你周遭的环境与前人是不一样的，你也不必为恐惧所奴使。

你可以选择勇敢。

你可以选择冒险，挥笔书写自身的命运。

祖父深爱意大利的一切，其他家人也保存着祖传的食谱，通过食物表达爱意。祖父了解这些传统，也为自己是意大利人而自豪。他常谈到意大利这个古老的国家，却从未亲身前往，只因他无法打破物质匮乏的枷锁。

就像创业与打破常规一样，在游戏中获胜或实现梦想往往也只是起源于一个想法。

"我们夏天去意大利吧。"

这就是那场游戏，这就是我们最初的想法。

即使你认为目前无能为力，缺乏资源，难以圆梦，但是你可以勇敢地去畅想，描绘蓝图。

2017 年，我和家人回到了意大利，所有家族故事开始的地方。我们在托斯卡纳的一栋别墅里住了两个月，雇了一名女佣和厨师。这场游戏开始于我和妻子的一次对话，最终改变了我的整个人生。

我们说服了家人，一起将梦想带进现实。我们订了机票、在日历上确定了时间、租了别墅、邀请了朋友和家人。这是我们结婚以来，我和妻子第一次外出旅游长达 63 天，期间没有工作，也没有外人的打扰。

我们游览了意大利最好的地方，去了锡耶纳、维罗纳、威尼斯、罗马，也体验了绝佳的餐厅，欣赏了艺术作品。我的家族绕了一大圈，从一个勉强维持生计的贫困意大利家庭，变成一个美国家庭。通过突破一切枷锁与桎梏，我们带着勇气前往意大利、前往世界上任何我们想去的地方旅行。

曾祖父身上的使命是生存。正因为他，我才拥有个人发展的条件，有机会过上自己热爱的生活。曾祖父留下的遗产，现在属于我了。

描绘蓝图是一瞬间的事情，是意念的灵感闪现，是灵感的骤然迸发。如果你有勇气把它付诸言行，你就能在生命之书上开启新的篇章。你是生命的书写者，而你手中的笔就是关键。你可以写下来，说出来，实现它。你会选择哪一个呢？

附　录

利用资源、自主学习、克服稀缺感 治愈童年创伤、消除人生痛苦

在本书中，我尽量围绕自己的专业领域——金钱来展开。但实际创作《杀死圣牛》时，我却发现，我很难找到童年与我们现今的金钱观之间的联系，以及与金钱之间的关系。

那么，你该如何治愈创伤呢？下一步该如何做呢？我在下文中列出了许多书籍、网站和个人，希望这个列表中至少有一样能使你产生共鸣，释放天赋、开拓生活。

书籍与文章

好吧，我得承认，因为我把大量时间花在与治疗师、医疗人员和优秀疗愈师的直接合作上，所以对于这个主题，我的阅读量并不多。我迅速行动了起来，我的妻子则更多地承担了研究者的角色。这些书是由许多帮助过我的医护人员推荐的，他们或许也能帮你找到康复之路。

某天，我和友人乔·珀理舒（Joe Polish）徒步旅行，在路上，我跟他聊起了颈椎僵硬和疼痛的问题。他告诉我，这可能是心理原因造成的，并建议我阅读史蒂夫·雷·欧扎尼奇（Steven Ray Ozanich）的《巨痛的欺骗：错误的医疗建议只会雪上加霜》（*The Great Pain*

Deception: Faulty Medical Advice Is Making Us Worse）。我读完了第一章，在乔的引荐下，通过 Skype 视频和作者见面。一切都合情合理：颈椎痛很烦人，我们平常一直这么说，彼时我才算是真正体会到了。做了一次治疗后，疼痛开始缓解，好几年没有复发。

我妻子很喜欢医学博士布鲁斯 · D · 佩里（Bruce D. Perry）和奥普拉 · 温弗里（Oprah Winfrey）合著的《你经历了什么？关于创伤、疗愈和复原力的对话》（*What Happened to You？ Conversations on Trauma, Resilience, and Healing*）。作为父母，我们会采用这本书中的方法，相信它能帮助我们的孩子治愈痛苦与创伤。

我的治疗师之一安妮 · 金（Annie King）推荐《身体从未忘记：心理创伤疗愈中的大脑、心智和身体》（*The Body Keeps the Score: Brain, Mind, and Body in the Healing of Trauma*），作者是巴塞尔 · 范德考克（Bessel van der Kolk）。我没有读过这本书，但会运用其中的技巧来释放未被处理的精神和情感痛苦所造成的身体疼痛。经历了一次治疗后，一个月来我首次能活动肩膀。而在那之前，我尝试过干细胞疗法、干针治疗、富血小板血浆（PRP）疗法、局部臭氧治疗、物理疗法，我几乎尝试了所有办法，但是却收效甚微。因此，若你感觉身体疼痛，或存在情感创伤，或难以唤起童年回忆，你需要阅读这本书。

布鲁斯 · H · 立普顿（Bruce H. Lipton）博士的《信仰的生物学：释放意识，物质和奇迹的力量》（*The Biology of Belief: Unleashing the Power of Consciousness, Matter & Miracles*）常常是我与同事、朋友和导师们对话的核心。这本书深入揭示了视觉在细胞和生物学层面对我们的影响，让人大开眼界，可谓妙不可言。

吉姆 · 戈登（Jim Gordon）的《喜爱与钟爱》（*Love and Loving*）是一部开创性的作品，引领我开始冥想，走上声音与光明之路。

加博尔 · 马泰（Gabor Maté）的《当身体说不：隐藏压力的代价》（*When the Body Says No: The Cost of Hidden Stress*）也是一本许多与

我共事的人都推荐过的书。我看过马泰的视频，很喜欢他的见解。

网站与纪录片

我最常用来收听谈话节目和播客的网站是 ILM.org。我第一次见到灵光部（Inner Light Ministries, ILM）的创建者们时，感受到的是一种无条件的爱。他们不在乎我能为他们带来什么，也不因我的公众形象而特殊对待，只给予我平等的爱，就像对待其他任何人一样。一直以来，这种平等的爱都是我人生中最为基本与不可或缺的资源，令我受益良多。

在我儿子布雷克小时候，我们带他去迪士尼乐园。在游泳池里，一个小孩从滑梯上滑下来、撞在他身上，把他撞倒在地、摔破了头。我们赶忙把吓坏的他送到医院，三名戴着口罩的医生给他穿上了约束服，在他头上缝针。从那之后，他开始恐惧任何戴着面具的形象——吉祥物人偶、复活节兔子，等等。这种恐惧折磨了他好几年，后来有人向我们介绍眼动身心重建法（EMDR），这是处理和疗愈创伤的好方法，效果也很惊人。接受治疗后，我儿子终于从创伤事件中完全康复了。你可以登录 EMDR.com 了解更多信息。

大约 20 年前，我在一位财务导师文斯 · 达多纳（Vince D’Addona）的建议下，参加了 Landmark 的论坛。我在那里认识到，童年时期有三次事件，对我的行为和信念产生了负面影响。在 Landmark 论坛的经历也使我看清了我隐藏自身的面具，意识到它阻碍了我充分地展现自我、与人交往。Landmark 论坛收费并不太高，但会搭售其他课程。你可以登录 LandmarkWorldwide.com 了解更多信息。

个人

我难以确定泰瑞 · 科克伦（Teri Cochrane）的专业范围，但那就如同魔法；认识她简直幸运。我认识的很多人都把她看作人生改变的开始。我雇用她，也是因为她的一通电话就彻底改变了我儿子的人生。她快速地解决了他营养不良的问题，这确实很重要。我的家人也是通过她的 R3 项目从情感创伤中恢复了过来。你可以登录她的网站 TeriCochrane.com，了解更多关于她的信息。

致　谢

写书的过程充满了挑战与突破。我深知识别与打破误区会对个人的成就与财富产生影响。直到今天，我仍乐于把《杀死圣牛》这本书奉献给你们。

《杀死圣牛》一书面世后的十几年里，我的生活与世界都发生了很大变化，唯一不变的是家人对我的支持。我的妻子卡丽、我们的儿子布雷克和罗曼、我的父母兰迪和罗斯林，还有我的两位姐妹特里西娅和雷切尔，你们一直都爱着我并且鼓励我。谢谢你们！

我的妻子是家里精神生活的引领者。她每天用十分之一的时间与上帝沟通、冥想和学习。她的无私奉献使我成长，也使我受到疗愈。有时我们回顾过去的艰难时刻与犯过的错误，她也总会提醒我，我所做过的一切都是我认为对家庭所做的最好决定。她是我的镜子，映照出最好的我、反映我未来的发展，并且在我走弯路或忘记什么才是人生中至关重要的时刻，温和地（大部分时候如此）提醒我。

我是在一群优秀的治疗师引领之下才开始理解和克服稀缺感（生活在富足中）的。

科里·沃特，一开始我们只是共享一段有趣的友谊，后来则变成一场意义非凡的玩乐与冒险。谢谢您帮助我放下忧虑，治愈世代相传的创伤。

安妮·金（Annie King），谢谢您的指导，您对我进行了长期治疗，治愈了我童年苦痛的创伤。您善于倾听，能够创造安全的环境，这一切成就了今天的我。

拉里 · 莫斯（Larry Moss），我以前并不知道我成为作家兼演员的能力，其实是与建立安全感、治愈童年创伤有很大的关系。因为遇见您，我才知道这一切，在此向您表示感谢。

史蒂夫 · 韦弗（Steven Weaver），谢谢您在丹佛的基督教退修会上的善意评论，还要感谢您为我提供的继续爱与疗愈之路的工具。

迈克 · 克莱因（Mike Cline），我喜欢与您一起反复研讨，喜欢我们的创意项目，还有您的整合计划，它让我学会了在一个全新的水平上爱护自己。谢谢您。

艾迪卡 · 詹姆斯（Aydika James），您让我在整合的过程中发现了盲点。现在的我可以在一个全新的层面上去感受爱。谢谢您。

布莱恩 · 耶基（Brian Yeakey）、吉姆 · 戈登和凯尔茜 · 麦克谢里（Kelsie McSherry），谢谢你们让我明白怎样为自己的行为、反应和情绪负责。谢谢你们给予的指导，教导我如何经历人生的起伏变化。你们让我知道，通过冥想、承担责任，顺着关爱—接受—原谅的过程，我就能够找到回归的路。

加里 · 卡迪（Gary Kadi），多年来我们每周都见面，但那天您让我拿出 5 岁时的照片，和我内心的孩子对话，让他知道一切都很美好、未来也会很美好，这一切在我身上发生了改变。谢谢您。

泰里 · 科克伦（Teri Cochrane），认识您非常幸运。您为我家庭所做的一切永远改变了我们的人生，谢谢。我原以为我们的问题与营养有关，但是您带来了更多的希望与爱，治愈了我们。

杰森 · 盖尼亚（Jayson Gaignard）。我曾发誓再也不在活动上做亲密关系的演讲，但您带领我和我妻子去了纳帕谷，因为您的帮助，我还在丹佛的团体活动上发现了度过非凡生活的全新方式，非常感谢。

罗恩 · 泽勒（Ron Zeller）和马克 · 卡明（Mark Kamin），大约 20 年前，我参加了 Landmark 论坛，并且聘请你们两位来进一步支持我。我排除了障碍，过上完美的生活，自那之后产生了种种可能性，促使我成为一个更好的人，而非堕落为恶人，这都要感谢你们。

我从很多优秀而富有爱心的人那里学到了很多关于金钱、商业和营销的知识，本书中许多思想和理念都来自他们。

诺姆·韦斯特维尔特（Norm Westervelt），您让我明白错误是必经之路。您总在背后支持我，将我的想法变成了影响成千上万人的模型。谢谢您。

马特·西尔弗斯坦（Mat Silverstein）、汤姆·伯恩塔尔（Tom Berenthal）和斯蒂芬·迪安（Stephen Dean），与你们合作之前，我的营销策略都不太成熟，也从未像你们那般高效地接触人们、影响人们。谢谢你们。

史蒂夫·哈罗普（Steve Harrop），是我最喜欢的教授，也是我一直以来的壁球搭档。您向大学捐赠 25 万美元，让我们的班级进行投资，改变了我对投资的看法。与您共度的时光塑造了我的事业和专注力。谢谢您的良言和指导。

莱斯·麦圭尔（Les McGuire）、雷·胡珀（Ray Hooper）和迈克尔·艾瑟姆（Michael Isom），你们是我的第一批合作伙伴。莱斯是我们的哲学领袖。我们花大量时间从事学术活动，剖析思路、分析财务模型、怀着理性诚实质疑一切事物，更关心什么是对的，而不是谁是对的。感谢你们与我们建立了友谊。

达隆·米勒（Darron Miller）、安德鲁·豪厄尔（Andrew Howell）、戴尔·克拉克（Dale Clarke）、杰夫·索哈（Jeff Socha）、布雷特·塞勒斯（Brett Sellers）和莫·阿卜杜（Moe Abdou），你们帮助我构建了金融知识网络，成为我的保险、法律、房地产规划结构、现金流优化、税收策略及全部个人理财知识的基础，谢谢。

乔·珀理舒，我在金融危机时经人介绍与您相识。仅仅在一个半小时之内，您的人际关系就使我的盈亏平衡线有了很大变化。您是最完美的联络人。谢谢您！

我非常感谢本书的共同创作者，他们为此花了不少时间，也提供了许多专业知识。

科里·沃特，您是我们许多合作项目中的第一位。您总能从我身上挖掘出最好的东西，心怀读者，并且将自己的专业知识运用到不断变化的加密世界中。谢谢您。

马库斯·哈迪（Marcus Hardy），我的每个项目似乎都包含着您的洞察和智慧。谢谢您阅读本书的一些章节，您的修改提升了书的深度，也使文章读起来更顺畅。

AJ·哈珀（AJ Harper），这次您拯救了我。在截止日期临近时，您突然出现，并且承担起了一个远比“编辑”重要的角色。因为您的存在，我成为一个更好的作者。您的技巧和细心，使读者从本书中得到更多。谢谢您。

丹·斯特鲁泽尔（Dan Strutzel），本书缘于您的想法。无论是十多年前的《致富新规则》（*New Rules to Get Rich*），还是《杀死圣牛》的有声读物，您一直重视我的想法和技能。谢谢您，我会永远记得您为将它们的付梓所付出的时间和辛苦。

而读者，我想对你们说：在这个不断变化的世界里，你们有勇气直面自己的财务状况——这绝对不是一件容易的事情，但值得一试。你们愿意为自己投资，愿意克服迷信崇拜、征服金钱游戏，我很钦佩。谢谢你们和我一起走过这段旅程。

参考文献

第三章

1.《人生遥控器》，导演弗兰克 · 克拉斯（哥伦比亚电影公司，2006）。

2. 史蒂芬 · R. 科维，《人际关系的精神根源》（犹他州盐湖城：德撒律图书公司，1998）。

第四章

3. 詹姆斯 · 艾伦，《做你想做的人》，1903。

第五章

4. 提摩太前书（钦定本）。

第六章

5. 珍妮特 · 洛，《巴菲特如是说》，（新泽西州霍博肯：威利，1997）。

第七章

6. 托尼 · 罗宾斯，《钱：七步创造终身收入》，（纽约：西蒙与舒斯特，2016）。

7. 马克 · 麦嘉华博士，《股市荣枯及厄运报告》，https://www.gloomboom doom.com，访问日期 2022 年 3 月 26 日。

8. 奥斯汀 · 罗杰斯，《富人在囤积现金，你也应该如此》，寻找阿尔法，2019 年 9 月 25 日，https://seekingalpha.com/article/4293593-rich-are-hoarding-cash-and-should-you，访问日期 2022 年 3 月 26 日。

9. 马尔科姆 · 格拉德威尔，“确切之事”，《纽约客》，1 月 10 日，https:// www.newyorker.com/magazine/2010/01/18/the-sure-thing，访问日期 2022 年 3 月 26 日。

10. 玛丽安娜 · 威廉森，《发现真爱：对“奇迹一课”原则的反思》，（纽约：哈珀柯林斯，1992）。

第八章

11. 玛莎 · C. 怀特，《美国人无法完成的一项任务》，《时代周刊》，2015 年 1 月 7 日，https://time.com/3657285/task-americans-cant-do/，访问时间 2022 年 3 月 26 日。

12. 乔治 · S. 克拉森，《巴比伦最富有的人》，（纽约：霍索恩，1955）。

第九章

13. 加勒特 · 甘德森，《股票市场：你的钱并非损失，而是转移了》，《福布斯杂志》，2020 年 5 月 26 日，https://www.forbes.com/sites/garrettgunderson/2020/05/26/how-wealth-is-transferred/?sh=59bcf0365c04，访问日期 2022 年 3 月 26 日。

14. 丹尼斯 · 热诺德，《市场疯狂》，2021 年 2 月 4 日，https://www.betterinvesting.org/learn-about-investing/investor-education/investing/market-madness-short-selling-short-squeeze，访问日期 2022 年 4 月 6 日。

第十章

15. 丹尼 · 塞齐克，《历史抵押贷款利率：20 世纪 70 年代至 2019

年的平均水平和趋势》，Value Penguin，更新于 2022 年 2 月 25 日，https://www.valuepenguin.com/mortgages/historical-mortgage-rates，访问日期 2022 年 3 月 26 日。

16. 特伦特 · 哈姆，《沃伦 · 巴菲特的股票市场数学对你的退休意味着什么》，《基督教科学箴言报》，2013 年 5 月 6 日，https://www.csmonitor. com/Business/The-Simple-Dollar/2013/0506/What-Warren-Buffett-s-stock-market-math-means-for-your-retirement，访问日期 2022 年 3 月 26 日。

第十一章

17. 加勒特的 YouTube 频道：
https://www.youtube.com/GarrettGundersonTV

第十三章

18. BitInfoCharts.com 编辑，《前 100 名最富有的比特币地址及比特币分配》，BitInfoCharts.com，最后更新于 2022 年 3 月 26 日，https://bitinfocharts.com/top-100-richest-bitcoin-addresses.html，访问日期 2021 年 2 月 23 日。